丛书编委会

大家精要

耶律楚材

杨印民 苗冬 著

陕西师范大学出版总社

图书代号 SK16N0982

图书在版编目（CIP）数据

耶律楚材 / 杨印民，苗冬著. —西安：陕西师范大学
出版总社有限公司，2017.1（2024.1重印）
（大家精要）
ISBN 978-7-5613-8597-5

Ⅰ.①耶…　Ⅱ.①杨…②苗…　Ⅲ.①耶律楚材
（1190—1244）—传记　Ⅳ.①K827＝47

中国版本图书馆CIP数据核字（2016）第195654号

耶律楚材　YELÜ CHUCAI

杨印民　苗　冬　著

责任编辑　宋媛媛
责任校对　彭燕
封面设计　张潇伊
出版发行　陕西师范大学出版总社
　　　　　（西安市长安南路199号　邮编710062）
网　　址　http://www.snupg.com
印　　制　永清县晔盛亚胶印有限公司
开　　本　650 mm×930 mm　1/16
印　　张　10
字　　数　100千
版　　次　2017年1月第1版
印　　次　2024年1月第2次印刷
书　　号　ISBN 978-7-5613-8597-5
定　　价　45.00元

读者购书、书店添货或发现印刷装订问题，请与本公司销售部联系、调换。

电话：（029）85303879　传真：（029）85307864　85303629

目　录

第 1 章

耶律楚材的族属和家世

一、契丹皇族，家世煊赫

耶律楚材在粗木少文的大蒙古国时期，实在是鹤立鸡群、冠绝一代的人物。他文采斐然，多有诗作传于后世；他学识深广，曾为成吉思汗充当顾问；他辅政一时，于大蒙古国之初制度建立功不可没。从耶律的复姓来看，自然使人想起武功盛极一时的辽代。是的，他正是辽代皇族之胤。

古人自孟子始，便提倡知人论世。契丹先人厉兵秣马、驰骋沙场、饮马中原；"上帝之鞭"成吉思汗和他的帝国子孙率领蒙古铁骑踏破亚欧大陆，这些都让人联想到耶律楚材。在这里，且让我们对他的先辈和家世作简单介绍，以增进对他的认识。

在长城以北的内蒙古高原，土地广袤，地势平坦，水量适中，历来是游牧民族的天堂。当华夏有文明记载之时，这块地域就有了弯弓射鹰、养马牧羊，逐水草而居的游牧者。春秋战国之际，东胡在草原上兴起，同燕、赵两国互争雄长，直到后来，胡服骑射的赵武灵王才将他们击溃。东胡便是契丹的祖先。

五胡十六国时期，中原板荡，长城无法阻挡住北边的民族。鲜卑作为东胡后裔，一时大放异彩。鲜卑有多个部落，在其他部落纷纷粉墨登场、耀武扬威之时，契丹却总是扮演着跑龙套的角色，一直默默无为。

东晋时慕容部浸（逐渐）大，他们所建立的前燕王朝，击溃了契丹部，迫使其从鲜卑族群中分离出去。而后，面对建立北魏王朝的拓跋部，契丹再次遭受了沉重的打击，他们被迫在狭小的地域独自游牧，逐渐形成一个新的民族。

后世的契丹人，在追溯他们的起源时，总是喜欢这样口口相传：许久许久之前，一个英俊的男子骑着一匹白色的高头大马，从湟河（今西拉木伦河）而来，一位美丽的少女乘坐青牛从土河（今老哈河）而来。两人一见倾心，于是结下秦晋之好。两人生下八个儿子，后世繁衍为契丹族。

这样的民族诞生传说，虽不如玄鸟生商一般荒诞，却也难以让人尽信。不过，结合相关的历史，我们却能发现传说背后的玄机。原来，契丹被北魏击溃之后，便一直固定在西拉木伦河和老哈河一带游牧。早期长时段在"两河"流域游牧的经历，已经深深镌刻进了民族记忆的深处，所以传说强调两人来自"两河"。而后代的契丹人，一般认为由八个大的部落组成，就是传说中的八个儿子各自的后代了。

契丹的八个部落是隋唐时期所形成的。"两河"流域对于契丹人来说，是契丹人生存的夹缝，也是安全的家园。在他们安分和稳定的态势前，无论强大的中原王朝，还是游牧世界的霸主，都感受不到紧逼的威胁，所以他们能够长期地生存下来。

而建国称雄的慕容部，入主中原的拓跋部，在昙花式的盛极一时后，经过岁月的涤荡，已经成了历史的尘埃，落定在了华夏民族的熔炉中。

隋唐之际的契丹格外温和，一方面他们的实力不够，游牧民族中有强大的突厥。另一方面，像唐太宗这样的"天可汗"有为世人信服的威望，有笼括人心的民族政策。此时，唐朝在他们的土地上设置了松漠都督府进行羁縻统治。

两个突厥汗国的薨灭，和武后一朝的动荡时局，使得借机壮大的契丹开始跃跃欲试。他们最终决定用武装割据反抗中央的统治。对于挑战权威的行为，武则天自然不能容忍，她调集了大量军队进行镇压。而马背上生活的契丹健儿，打得唐军损失惨重，赫赫威名的唐朝大将军王孝杰也死在了他们的矢石之中。

但是，胳膊拗不过大腿，唐朝的实力摆在那里。契丹的反抗，在唐朝优势兵力的围剿下最终失败了。契丹就此开始了一段很长的低谷。当突厥人引领引弓者的时候，他们依附于突厥；而回鹘势力渐增之后，他们又归属于回鹘汗国。寄人篱下，是极其悲凉的，不到迫不得已，必不如此。寄人篱下，又是明智的，因为背后的靠山越大，元气也就恢复得越快。寄人篱下，是暂时的，如果有机会，谁都不愿轻易放弃，如同他们当初反抗唐朝一样。

他们终于等到了这个机会。9世纪的唐朝，徒具帝国的虚名，早已被众多割据的藩镇和跋扈掌权的宦官拖向了末路，完全丧失了将权力的触角伸到远方草原的能力。更为重要的是，在846年，回鹘汗国被所属的黠戛斯击溃。这些，都使得草原陷入了霸主真空的时代。契丹终于摆脱了缰绳的束缚，不受他族左右，有能力决定自己的发展和归属了。

当时间来到10世纪初，一位杰出的人物出现在了契丹部族中，他就是耶律阿保机，耶律楚材的九世祖，也即后世人们熟知的辽太祖。

过人的口才、敏锐的判断力，是他个人具备的非凡素质。而由于先祖的功劳，他所获得的世系特权，也是其人取得成功的重要因素。一方面，他纵横捭阖，拉拢其他部族的人，成为契丹各部军事首领"夷离堇"；另一方面，他还不断对外，特别是对汉人进行征伐，掠夺大量的劳动力和牲畜财产，扩充自己的硬实力。那些内心不甘的世袭贵族，在他的权位和实力面前也无可奈何。

907年是唐王朝灭亡的年代，对于耶律阿保机来说也是极为重要的一年。在长时间的准备之后，他自立为可汗，建立了崭新的少数民族政权。而此时长城以南，竟陷入了长达半个多世纪的五代十国混乱局面。来自外部的有效威胁已是微不足道，契丹拥有足够的时间日益坐大。

自此，契丹已走过了大约五百年的漫长历程。对于一个游牧民族来说，何其不易！他们没有被其他民族所吞噬，也没有被轻易融入其他民族的文明之中。

对于这样有成熟传统的民族，想要革新往往是十分艰难的。而对于阿保机这样的一代英主，也不可能只满足于做一个传统的可汗。他的眼界十分开阔，他善于学习，不因循于以往，保守势力不能使他退却。

阿保机当时面临一个很直接的问题，那就是他跟汉人打交道越来越频繁。契丹与汉地相接，而阿保机对长城以南的军事掠夺和侵略也从未停止。当时混乱的政治格局下的汉族边民又怎么会是契丹虎狼之师的对手，于是他所俘虏过来的汉人不在少数。

阿保机虽然对汉人屡战屡胜，但是他也并未因此而小视汉文化、肆意压迫和贬低汉人。契丹民族，是有着狼性的。他们善战，他们勇武，但是他们也不得不面对人数是他们数十倍的汉人，要面对比他们的历史更为久远的汉文化。如果一味把自己的文化和制度强加给其他民族，自然会受到顽强的抵抗，江山社稷又怎能坐得安稳？

阿保机不仅自己通晓汉语，具备较为深厚的汉文化素养，他还重用汉族谋士，并且在相当程度上采纳了汉族的制度，体现了一个政治家海纳百川的博大胸襟。而他极具创见性地运用了以汉制治汉民的措施，使得被俘获而来的汉人为他所用，而不是相互抵牾。

通过对契丹历史的回顾，我们不难发现，契丹是一个历史相当悠久的民族，从开始独立出来到阿保机建辽，已经经历了五百多年的时间，其间虽然数次被击败，但是他们的历史却从未中断过，可以说他们是个有着鲜明个性传统的民族。

因此，耶律阿保机在进行革新之时，确实遭遇了许许多多传统顽固势力的抵触。用汉制治汉人，自然不难接受，因为这不会直接触及其他契丹贵族的根本利益。但是作为契丹的君主，凡是涉及契丹人的变革，都是相当不易的。

鲜卑历史上的孝文帝，正是力行汉化过于激进，引起了鲜卑贵族的强烈不满，后来骇人听闻的"河阴之变"与此直接相关。阿保机深经历练，自然不会意气用事。他采取的是渐进式的策略，力图做到不温不火。

虽然他掌权很早，但直到916年，他才成功摆脱传统的部落联盟形式，像中原的汉族统治者那样建元称帝，使用神册的年号，立长子耶律倍为皇太子。从可汗走向皇帝，他花了近十年时间。这显然并非只是称号的简单更换，如果如此，便不会遭遇种种困难了。

耶律阿保机建立起了一套完整的皇帝制度，皇帝不但对国家事务有最高的裁决权，而且是终身世袭，传与后世的。这同以往的部落联盟的选举和商议的一系列制度是有着根本差别的。而他通过将近十年的渐进改革，最终成功地实行了。

由此可见，在耶律楚材的九世祖——耶律阿保机那里，已经根植了汉文化的种子。作为一代雄主之后，耶律楚材心中无上自豪，曾作诗称颂道："皇祖辽太祖，奕世功德积。弯弓三百钧，天威威万国。"

而耶律阿保机的长子耶律倍（契丹名为突欲），也就是耶律楚材的八世祖，非常聪明。据传说，有一年天气寒冷，阿保机命他与弟弟德光、李胡去拾柴。耶律德光不加选择，最早取了一捆柴归来；耶律倍只取干柴，细心地捆好，稍晚一些归来；李胡一边拾一边扔，最后回来的时候几乎是两手空空，只好尴尬地站在一侧。三人的才干，由此可见一斑。阿保机叹道："长子做事巧妙而次子有成就，少子就远不及了。"天资聪颖的耶律倍倾慕汉族的文化，可以说是契丹皇族中最早接受汉文化的人之一。据《辽史》本传记载，他通晓汉人的阴阳之术，懂得音律，并且精通医药和针灸。此外，他还擅长契丹文和汉文两种文字的书法，能用两种文字撰写文章，并且翻译过道家的著名典籍《阴符经》。更值得称道的是，他还精于画契丹的人物画，比如《骑射》《猎雪骑》《千鹿图》，等等。后世宋人号称文治颇盛，对这位契丹皇子的画作，也是万般尊崇，收入内阁秘府。他还爱好藏书。在今天的辽宁省阜新市东南有一座医巫闾山，传说耶律倍非常钟爱这里的奇山秀水，在这里建造了望海堂，藏书达数万卷之多。他的遗骸后来也埋葬在这座山上。

当然，耶律倍对汉文化的认同不只是在艺术上，他对汉人所推崇的儒学也是极为认同的。这在他个人本传记载的一次朝会对答中体现了出来。

有一次，阿保机在朝堂上对诸人说："受命的君主，自然应当侍奉上天、尊敬鬼神。那些建立大功德的人，我想对其进行祭祀，应该以谁为先呢？"各位大臣和侍者都说应该先敬佛，唯独耶律倍答道："孔子是大圣人，是万世所尊崇的，应以他为先。"阿保机对此回答大加赞赏。可见耶律倍对儒学的尊崇，同时通过阿保机的赞扬，也可以看出父子同心，其实阿保机也是如此。

汉化，俨然是父子二人的倾向之一。926年，阿保机灭渤海国，改渤海为东丹，册封耶律倍为人皇王，主持东丹国政。耶律倍治理东丹，一概采用汉法。这位皇子仰慕汉文化，主张儒先佛后，俨然汉族士大夫，他得到了父皇的首肯和认可，坐上了皇太子的位置，被委以重任。

虽然保守势力接受了皇帝制度，接受了以汉制治汉人，但在内心里他们实在是很难接受汉文化。铁腕的阿保机，他的权威是无法挑战的。但是作为太子的耶律倍，显然因为文化倾向的干系是不被臣僚们，甚至自己母亲述律后认同的，所以他的前途充满了不确定性。他的父亲阿保机戎马倥偬，一生在征战中奔波，最后也死在了回军的途中，这使得他这个太子登上皇帝宝座之路充满了变数。

传统的影响如此巨大，新皇帝的人选将由诸将和大臣们共同推选。而他的母亲摆出了讲求公平的姿态，表示自己不插手，她显然也是固守传统的一派，对长子耶律倍仰慕华风的文化倾向在心底是排斥的。所以，在最后这种所谓"公平"的选举中，耶律倍当然败下阵来。耶律德光被拥立为帝，就是历史上的辽太宗。而耶律倍，这位先皇钦定的皇太子未能登上帝位，从此开始了他极不如意的后半生。他先是被弟弟耶律德光幽禁，多遭猜忌和防范，郁郁寡欢，留下了如此悲怆的诗句："小山压大山，大山全无力。羞见故乡人，从此投外国。"在难以承受的重压和屈辱之下，他选择了投降后唐，因为这是一个在文化上能让他觉得亲近的地方。在这里，他受到了很高的礼遇。但是，虽然他并未参与后唐的政治，最终还是成为其混乱政治的牺牲品，惨死在变乱中。天显十一年（936），石敬瑭在契丹的帮助下起兵叛唐，穷途末路的末帝李从珂在败亡前要求耶律倍与他一同自焚。耶律倍不肯从命，于是被李从珂杀害。

耶律倍的弟弟耶律德光即位后，虽然在政治上延续了阿保机的做法，学习汉人的制度，延揽人才，鼓励农业的发展。但是他自己显然是无法接受和认同汉族文化的，所以在他的时代，南面官和北面官的制度被确立，管理汉人和契丹人沿用了两种不同的制度。这种做法一方面可以称作因地制宜，另一方面也可以说体现了他在文化上不认同汉人。

当耶律德光攻进开封城，坐到了中原皇帝的宝座上，接受诸位大臣朝拜的时候，心里是何等地志得意满！他试图同时成为汉人的皇帝。然而，要成为天下之主，就必须有胸怀天下的气概，要有文化上的包容性。所以这位统领千军万马，曾立无数战功的皇帝，在极为短暂的飘飘然之后，立马见识到了汉文化带给他的巨大排斥力。

当初后晋的爱国军人在壮烈的反抗中不敌契丹，因此而走向灭亡。但是由于对耶律德光没有文化上的认同，汉民们十分仇视契丹的军队，致使契丹军队人数一天一天减少，情势十分不妙。耶律德光渐渐意识到自己终究无法驾驭这个以文化昌盛著称的民族了。

从后晋手上取得了幽云十六州之后，契丹的铁骑便不再受到长城防线的阻拦。历史上再也没有哪位塞北的游牧民族首领能像德光一样从军事上轻而易举地攻破中原王朝了，但是他却始终无法征服中原人民的内心，而他本人最后也死在了回军的路上。

德光死后，原本属于耶律倍的帝位最终传到了他长子兀欲的手里。而他的次子娄国，正是耶律楚材的七世祖。娄国后来担任政事令，留守燕京（今北京），并在燕京西山一带的玉泉山定居下来。耶律楚材的祖上，从此世代居住在燕京。燕京正是当时北方的经济文化中心。后来的皇帝，除了辽穆宗是德光一系的，其他均为耶律倍一系。所以耶律楚材的祖上，一直是辽国的显赫贵族。耶律楚材对此作诗赞道："赫赫东丹王，让位如伯夷。藏书万卷堂，丹青成画癖。四世皆太师，名德超今昔。我祖建四节，功勋冠黄阁。"

直到耶律楚材的祖父耶律德元，仍然还在辽担任节度使的要职。辽道宗耶律洪基在他执政的四十五年内，碌碌无为，走向腐败，日薄西山，大势已去。天祚帝耶律延禧即位后，在民族政策上压迫东北的女真族，而女真族也意识到了辽国已经变为臃肿又软弱无力的巨人了，于是在完颜阿骨打的率领下，毅然起兵反辽。辽军已是久疏战阵，加上官员腐败，在凶悍威猛的女真军队面前不堪一击。辽国的国土一点点被蚕食，又只能这样坐以待毙，灭亡的局势无法逆转。保大五年（1125），辽天祚帝被俘，辽朝灭亡。尽管如此，辽朝统治近三百年，在中国历史舞台上扮演了重要的角色。直到 18、19 世纪，欧洲及中亚的人们仍以契丹（Khitai）之名称呼中国，因为"这个北方王朝是天朝帝国朝向亚洲内陆的脸面"，足见其影响之深远。

从娄国开始就住在燕京的耶律楚材的先族，在当时的情况下也没有力挽狂澜的能力。在女真人势如破竹的强大攻势面前，辽朝马上就要灭亡了，大多数辽人都能感受到帝国覆亡的气息，耶律楚材的祖父德元当然也不例外。当女真的铁骑来到燕京，他们没有耗费太大的力气，就攻下了这座辽国的南方重镇。大约就在城破之后不久，耶律德元就立刻选择了投向新朝，成为金朝统治集团中的一员。德元的投降行为，按照汉文化的理解，完全是大逆不道，更何况当时的辽国还没有最后灭亡，而他自己作为皇族宗室，其投降于情于理都是无法让人容忍的。就如后来南宋的赵孟頫作为宗室出仕元朝，虽然是在国亡之后，但自始至终被人多所诟病。

耶律楚材的祖先有着高贵的血统和崇高的官位，却不封闭自我，在民族混居融合的历史背景下，不断汲取汉文化的营养。虽然从耶律阿保机到耶律倍，都是十分爱好汉文化的，他们这一系应该深受汉风的浸润，形成了读书知礼的家风，但这只是笔者的一种猜测，因为从耶律楚材七世祖娄国到祖父德元的五代人，由于史料的缺乏，我们对其难以有更深入的了解。耶律德元是带着怎样的一种心态投降金国，此后又是如何在金国生活的？这是一个很引人注目的问题，但是由于材料匮乏，所以就只好付诸阙如了。

由上我们可知耶律楚材的家世：这是一个仰慕汉风的家族，世代受到汉文化的熏陶，形成了读书知礼的家风。在辽朝为皇族贵胄，在金朝为肱股辅臣。耶律楚材正是出生在这样一个诗书簪缨、钟鸣鼎食之家。

二、耶律楚材的父母及亲族

其实，耶律德元按照传统宗法关系讲，当为耶律楚材祖父，而血缘上却未必如此。耶律德元年长尚没有儿子，而弟弟耶律聿鲁早亡，于是便把聿鲁的儿子耶律履过继为嗣子。事实上，这种过继为嗣的做法在中国古代社会是十分常见的，即使在今天，人们也一样都把后人作为自己生命和精神的延续，何况在"不孝有三，无后为大"的古代，家族香火的承继最是宗族生活的头等大事。除此之外，聿鲁的早死使得耶律履年少失怙，也是过继的重要原因。这位过继的耶律履便是耶律楚材的父亲。

耶律履（1131～1191），字履道，号忘言居士。由于他在金朝做到尚书右丞的高位，官位显赫，功勋卓著，史料记载尚存留不少，由此我们对他的情况犹可得知一二。关于这位才子的事迹，现在多散见于《金史·移剌履传》（移剌履即耶律履）和《元文类》卷五十七《故金尚书右丞耶律公神道碑》（以下简称为《神道碑》）之中。大文豪元好问所撰的《神道碑》更是对他的一生有完整的叙述。该碑由于文辞华美而成为后来撰写《神道碑》的典范，得以流传至今。

据《神道碑》记载，耶律履相貌堂堂、丰仪潇洒，善于谈吐议论。耶律履在早年就表现出了极高的天分，读书过目不忘。五岁时，他在夏夜高卧乘凉，忽然对他的乳母说："这大概就是'卧看青天行白云'的高雅意境吧？"这番话显示了他的文采，让其父德元惊讶不已。而等他年龄稍长，便能够通熟六经百家之学。正如耶律楚材赞颂他的诗中所说："先考文献公，弱冠已卓立。"更难得的是，他对于《易》《太玄》一类的玄远之书和阴阳方技之术也能窥见其理，精通阴阳卜算之学，撰有《乙未元历》。除此之外，他的文章也为时人所重。耶律履工诗善文，有《文献集》行于世。他不但精通汉文，也热爱本民族的文化，并参与编纂《辽史》。契丹民族的文字语言，也是他所擅长的。他能够用契丹的大小文字来翻译汉文的经典，文辞优美，并且能准确反映原文的义理，也难怪他受到时人的尊敬了。他的博学多才，还得到了皇太孙（即金章宗）

的赏识。皇太孙经常与他切磋经史义理。

《神道碑》一类的文辞，多有褒奖和溢美，虚美隐恶，往往有不实之词。但关于耶律履的记载虽可能有夸张之处，例如过目不忘之类，但所述并非都是空言。他能在国史、翰林两院供职，若无文翰之长，恐不可能；而他创制的《乙未元历》，不通历数者更不能为；《揲蓍说》，不通术数者更不可作；从元好问等人的语言和文辞中，能知道他的诗文和绘画亦在当时得到流传。这些都是无可争辩的事实。

耶律履的一生基本上是一帆风顺的。早年参加进士考试，因为厌恶考试的烦琐而放弃。由于父亲德元的缘故，他得以通过门荫进入国史院担任书写。后来他升任编修，由于文章写得好，又为人正直，受到金世宗的宠遇。而后渐次任翰林编撰，升尚书礼部员外郎、郎中。后来自己乞外任，被朝廷授予蓟州刺史，也就是金中都（即今天的北京，习惯上也称为燕京）所在地的刺史，之后又一路升迁，在任期间政绩卓著。金章宗即位，耶律履因为有拥立之功，平步青云，得到礼部尚书、参知政事的高位，最后升任尚书右丞。他心胸宽广，敢于直言，有着优秀的政治才能。他还善于举贤任能，在士大夫中赢得了很好的声誉。明昌二年（1191），耶律履去世，享年六十一岁。他死后得到很高的礼遇，金章宗下诏命百官会丧，遣使到家中慰问，并赐给很多财物。金章宗还在百官的陪同下亲自到耶律履灵前祭奠，赐谥号为"文献"。

这位文翰著称于当时，才干掌衡于枢机的父亲，被他的少子耶律楚材所崇尚和怀念，作为自己效法的楷模和典范。他在《湛然居士文集》中的多首词中透露出了这份情感。例如卷十二《为子铸作诗十三韵》：

> 先考文献公，弱冠已卓立。
>
> 学业饱坟典，创作《乙未历》。
>
> 入仕三十年，庙堂为柱石。
>
> 重义而疏才，后世遗清白。

对父亲学问、文章、功业、品行的赞扬，跃然于纸上；对父亲怀念、钦佩、仰慕、赞叹的感情，油然于心中。

可是，从历史的事实来说，耶律楚材对这位显赫的先考，是没有什么接触的。这就要从他的身世说起了。明昌元年，耶律楚材方出生，次年耶律履旋即去世。即使楚材天资聪颖，恐怕也很难对父亲留下深刻的印象。而匆匆弃世的耶律履也根本无法教授楚材，使他得到家学的熏陶和濡染。耶律楚材对父亲的怀念和敬仰之情，多是在母亲和亲友的讲述下，根据自己的想象和他人的描述而发。

耶律履前后共有三位夫人，开始娶辽贵族萧氏，次娶郭氏，而晚年所娶杨昙之女，为耶律楚材的生母。不过杨氏生下楚材，这已经是耶律履去世之前一年的事情了。换种说法，耶律楚材在一岁多的时候，就失去了自己的父亲，这与耶律履当年的遭遇何其相似！

所以说，他对父亲是没有什么直观的感受的，而关于父亲的一切，他都是从别人的口中和流传的历史中所得知的。这位后来冠绝一世的学者、思想家和政治家，他的学识和才能，显然也并非直接来自父亲所授。

尽管如此，从当年仰慕汉风的耶律倍以降，这个家族出了许许多多深谙汉文化之道的名人。那些占领北方的民族，无论是契丹，还是女真，在数量巨大、文化强势的汉人面前，都不由自主地被同化和融合。比较显著的一点是，耶律履的三位夫人，除了原配是契丹萧氏的贵族，另两位郭氏和杨氏，都是汉族名士之家的闺秀。

而耶律楚材的母亲，就是一位通晓汉族文化的女子。据《神道碑》记载，这位汉族女子，就曾经于章宗泰和末年（1208）在禁中担任教授，大概是教后宫礼仪一类的差使。

耶律楚材的早年，是和母亲相依为命的，在他的《思亲》诗中，可以明确读出这位游子对于母亲的深厚感情：

老母琴书老自娱，吾山侧近结蓬庐。
鬓边尚结辟兵发，箧内犹存教子书。
幼稚已能学土梗，老兄犹未忆鲈鱼。
谁知万里思归梦，夜夜随风到故居。

特别是第二句，尤为感人。翻译成现代文是这样的：现如今，我的鬓旁，还戴着母亲的头发。还记得当年我从军的时候，她把自己的头发剪下少许，赐予我，说道："习俗中相传，父母之发，戴在头上，可以免除兵器的伤害。"当年，母亲为了教育我写下的书信，我还把它放在匣子里安存。

在体会母子情深的同时，我们也不难看出，这位伟大的母亲在耶律楚材成长的过程中，给予了多少教育，倾注了多少心血。正是在杨氏的精心培育下，耶律楚材奋发向上。可以说，耶律楚材的才学和品行的形成，杨氏是直接促成者。据学者考证，杨氏大约在太宗四年（1232）过世。

不断地同汉人中的名士通婚，而且不断地吸收汉文化的精髓，这也正是这个家族之所以能够产生耶律履和耶律楚材一类名人的客观原因。而耶律楚材本人，更是契丹和汉人的混血儿，这种混血的优势或许可以作为他的聪颖善思的一种解释。

耶律楚材还有两个哥哥：长兄耶律辨才。据时人记载，他身躯雄伟，志向远大，刚满十八岁，即以门资担任护卫。在极天下之选的射箭比赛中，辨才表现出色，获得第三名；后立有战功，历任冀州录事判官、顺天军节度使、河中府判官等职。太宗四年，蒙古军围攻汴京（汴梁），耶律楚材奉旨理索其在京家眷，辨才被遣送北归，后于太宗九年去世，享年六十七岁。次兄耶律善才，读书知义理，做事谨慎，弱冠即以宰相子补东上阁门祗侯，后任衡水令、西山阁门签事、同知昌武军、章化军节度使等职。耶律楚材往汴京理索家眷时，忠于金国的善才不愿北行，投水自尽而死。耶律楚材的两个哥哥没有投靠蒙古，而是追随金帝南行。这与耶律楚材的政治理想迥然不同，可谓各为其主。但他们之间仍有着密切的兄弟亲情，两位兄长的家眷后人都在楚材的荫庇下得到了很好的照料。辨才和善才逝世后，归葬于义州弘政县（今辽宁义县）先祖墓中。楚材的儿子耶律铸请金元之际的名士元好问为两兄弟撰写了墓志铭。

耶律善才的独子耶律钧，在金朝"仕为尚书省译史，中统初年，授东平工匠长官，佩金符"。在耶律履的孙辈之中，耶律钧年齿最长，也最为长寿。耶律钧生子耶律有尚，师从元代大理学家许衡。有尚至元十年（1273）出任国子助教，二十五年任国子祭酒，大德元年（1297）复除集贤学士、祭酒如故。耶律有尚是许衡最为出色的弟子，为元代理学的发展做出了一定贡献。由于耶律有尚的努力，许衡也获得了非常尊崇的地位。耶律有尚的儿子也曾在元朝廷任职。此外，楚材还有侄儿九龄、正卿，但事迹不详。侄女舜婉，自幼颇通佛道，非常喜爱禅学，从十五岁起就不食荤腥。她被金朝皇帝召入内宫，颇有声誉。侄女了真（名字已失传，了真应为其法号），早年丧夫，很早即孤苦无依，于是皈依佛教，拜三学尼长老龙溪为师。这两位礼佛参禅的侄女，与喜爱佛学的耶律楚材关系非常融洽。

三、耶律楚材的诞生

金章宗明昌元年（1190）六月二十日，金朝都城中都香山玉泉，尚书右丞耶律履的府第之中，一个男孩儿呱呱坠地，这就是日后大名鼎鼎的耶律楚材。这一年，耶律履六十岁，已入花甲之年，老来得子，自是欣喜异常。而他自己刚由参知政事升任尚书右丞，官运亨通，可谓是双喜临门。激动的耶律履将孩子抱在怀中，细细端详，只见婴儿眉目清秀，十分可爱，眼睛异常明亮，隐然有一种俊逸之气。年迈的父亲心中忽然有所感悟，为他占卜之后，私下里对亲戚们说出了以下这段非常著名的话："吾年六十而得子，吾家千里驹也，他日必成伟器，且当为异国用。"正是这段寓意深远的话语，预测了耶律楚材一生的人生轨迹。

"千里驹"常见于古代史籍之中，多为长辈对本家族中的后生晚辈的夸赞之语。如汉武帝谓楚王刘交小时为"千里驹"；曹操称赞曹休"此吾家千里驹也"；金代张浩称其子张汝霖"吾家千里驹也"。这都属于根据举止、才能等，对后辈将来的前途做出的预测。耶律履以此赞誉自己刚刚落生的儿子，充分表明他对儿子寄予了厚望，希望儿子日后可以成才，而且认为他必成伟才大器。自然，耶律楚材还只是一个襁褓中待哺的婴儿，精通术数（其中应包括相面）的父亲更多的是依靠观察他的容貌气质和出于殷切的期待，方说出此语。而最后一句"且当为异国用"更是带有一些神秘色彩，耶律履又是如何做出如此准确的预言的呢?

这一年是南宋光宗绍熙元年，中国大地上仍是金宋两大政权并立的局面。宋室自南迁之后，满足于南方的半壁江山，歌舞升平，耽于享乐。"暖风熏得游人醉，直把杭州作汴州!"金国也正滑向崩溃的边缘。也正是在这一年，蒙古草原上的铁木真经历了十三翼之战。尽管损失惨重，但他默默地收集部众，积聚力量，等待胜利曙光的来临。十六年之后，一代天骄成吉思汗将横空出世。对时势洞若观火的耶律履自然了解金宋两国的腐朽状况，对它们的命运已有不祥的预感。他也隐隐感到，一股强大的新生力量会取代金国，成为新的主宰。因此，耶律履决定取《左传》"楚虽有材，晋实用之"之语，为自己的新生子取名"楚材"，表字晋卿。

对春秋历史稍有了解的人，看到"楚材"两个字，便很容易想到《左传·襄公二十六年》中的"楚虽有材，晋实用之"。晋楚争胜，是贯穿春秋中期的一个主题。到了春秋后期，晋国大夫寖大，楚国公室内斗，两国的内部矛盾都很严重，很难再一争雄强。而宋国大夫向戌同晋楚两国执政者都交好，于是趁机促成了两国弭兵。弭兵之后，作为外交礼节，楚国派声子往晋国聘问。归来之时，令尹子木同他探讨两国的执政集团的比较。子木问他晋国卿士的情况，声子回答他说："晋国的卿不如楚国，但是他们的大夫很强，都有卿的才质。如同杞、梓和皮革一样，大都是从楚国出产外运的。虽然我们楚国有许多人才，但是很多为晋国所用。"这就是"楚材晋用"一语的出典。

　　刘晓先生以为这个传说未必可信，耶律履没有未卜先知的本事，这应是后世添加上去的，为传主隐讳和吹嘘而已。这是有一定道理的。不过，古史中记载英雄人物出世，总是有红光显现、香气盈室等祥瑞，作为他日后建功立业的预兆。相比之下，耶律楚材的《神道碑》只是搬出其父一个神秘的预言，已属平实。况且，耶律履学识渊博，眼光长远，还精通术数推算，对孩子未来的发展做出一些合乎情理的推断，还是可以理解的。虽然在当时人看来，这样的推断是荒诞不经的，但却被历史事实证明是无比准确的预见！类似的事例在历史长河中不胜枚举。因此，耶律履的这次预言虽然显得太过神奇，但应有一定的事实依据，似不应全盘否定。

第 2 章

早期生涯：仕宦与归隐之间

一、金国衰敝，应举出仕

金国政权自从海陵王完颜亮时代（1149~1160）就开始逐渐走了下坡路，这名君主在历史上以贪色好杀而著名。作为失败者和被取代者，关于他的不利记载固然加入了许多中伤成分，但是毫无疑问的是，他倾全国之力，率领六十万大军南征伐宋的鲁莽行为，不仅造成了身死为人所笑的个人悲剧，更使国家元气大伤，逐渐走上了衰落的道路。金国的军事实力不足以发动大的攻势了，两个有着世仇的国家就这样只能隔着淮河对峙，金宋对峙的局面形成。

耶律楚材出生在 12 世纪末，这时金国尚能和西夏、南宋艰难地保持着战略上的均势。金朝的国势虽不强，却还算安稳，保持着"上邦大国"的地位。

金朝采用了中原王朝的先进统治制度，建立起中书、门下、尚书三省，后又将三省合并为尚书省，以平章事为宰相，而尚书左右丞和参知政事辅佐之，共称宰辅或宰执。耶律楚材的父亲耶律履，官至金尚书右丞，高居宰辅，可以说是相当荣耀了，所以他的儿子都有资格得到荫补，从而进入仕途。

金泰和六年（1206），耶律楚材年已十七岁。经过多年的刻苦攻读，楚材已成为饱学之士，博览群书，工于诗文。今天的北京玉泉山华岩殿后面有个七真洞，耶律楚材少年时曾在洞中石壁上镌刻自己的诗词。他的兴趣极为广泛，对于天文、地理、律历等都通晓。金朝制度，宰相之子依据惯例可以通过考试来补尚书省令史，这是一种优待。但是耶律楚材自恃才高，想顺随当时士子的潮流，参加进士科的考试。金章宗知道了这件事，特旨命令他依据旧制，参加补尚书令史的考试。考试的题目是关于疑难案件处理等几件事情。当时一同考试的有十七个人，楚材的对答明显高出一筹，于是被授予尚书省令史的官职。这是当时步入仕途的一条捷径，正常情况下，得到这个职位的人都可青云直上。

耶律楚材就这样步入了仕途。在尚书省令史任满后，约在大安三年（1211），他升任开州同知。开州，位于现在的河南濮阳。同知就是会同管理的意思，是刺史的副职，品级为正七品。

就在耶律楚材担任开州同知之前的几年内，形势又发生了很大的变化。泰和八年（1208），金章宗驾崩，给金国留下了一个烂摊子。他自己并无子嗣，因此忌惮那些才能出众、威名素著的皇族觊觎皇帝宝座，于是处死了许多亲王，而选定智力、品德皆十分平庸的完颜永济作为继承人。他的位置一时之间是稳固了，但给国家带来的影响是毁灭性的。至章宗末期，金朝迅速走向衰落。而这时，北方边界的蒙古人已经强大起来，金朝已不能控制北方。

盛世之后的一个庸主或许还不至于将国家弄得太糟，但一个柔弱无能的"阿斗"，要面对的是蒙古之主"上帝之鞭"成吉思汗，两者相较而言如同绵羊和猛虎。金国的情形，就如同12世纪初被它取代的辽国一样，只能眼睁睁地看着国土日削，国势日蹙，却没有任何办法。

蒙古族起源于我国东北的额尔古纳河流域，在唐朝被称为"蒙兀室韦"。9世纪回鹘汗国瓦解后，他们向蒙古高原一带迁徙，到12世纪初，已发展成众多的部落。金国和蒙古诸部之间的关系十分复杂。自成吉思汗的先祖合不勒汗起，双方就处于敌对状态。金国曾联合蒙古的一部——塔塔儿人，摧毁了成吉思汗先祖们建立的蒙古历史上的第一个王国，蒙古部的首领俺巴孩汗也被金朝捕杀。但当联军取得胜利之后，塔塔儿部落又显示了他野蛮的一面，他们总是背弃盟约，劫掠金国的财物。金国自然不能容忍，于是又通过铁木真，同他及克烈亦惕人结成了同盟，击败了实力较强的塔塔儿部，形成了以克烈亦惕人的首领汪罕为主导的新秩序。

在此过程中，铁木真曾接受了金国"札兀惕忽里"的封号。作为金国藩属，是要纳贡的。蒙古每年入贡之时，金朝只在塞外接受，不许其入境。戏剧性的是，当时在净州（今内蒙古四子王旗附近）接受贡献、同铁木真打交道的，就是这位以平庸著称的卫绍王（卫王）——完颜永济。当时，双方关系非常僵，铁木真对这个金国的藩王充满了鄙夷，而完颜永济对这个无礼的蛮族首领也感到非常愤怒，当真是话不投机半句多。更为尖锐的问题是，铁木真拒绝了金国要其继续纳贡的要求，因为他觉得蒙古已经今非昔比，强大到能够和金国抗衡的地步了，不能够被外来的缰绳所羁绊。经过此事件之后，两国的关系即跌至冰点。

而后，在铁木真的努力下，北方的草原上停止了长久以来的争斗和杀伐。1206 年，铁木真统一了蒙古各部，召集贵族在斡难河（鄂嫩河）源根本之地举行忽里台（大聚会），被尊为成吉思汗。自此，东西数千里的大漠上竖起了同样的旗帜，所有的刀枪都听从一个人的指挥。至此，金国的生存面临着更大的威胁，陷入各种麻烦之中。大蒙古国的建立是当时中国乃至世界历史上的一件大事。蒙古政权建立之后，对外大肆扩张，陆续灭掉西夏、金、南宋等政权，在忽必烈统治时期完成了统一，结束了几百年以来的分裂割据局面。它还发动了三次西征，兵锋直指欧洲的多瑙河畔，最终建立了一个人类历史上前所未有的大帝国，震动了当时几乎所有的文明世界。

铁木真成为成吉思汗，主宰草原之后，他还有更为远大的理想：他要踏平整个天下，征服不愿拜服的民族，让从太阳升起的东方到西方的大海边，都成为蒙古人的牧场。

就在完颜永济登位之后，两国关系彻底决裂。大安二年（1210），当金国的使节以天朝大国的姿态来传达新君即位的消息，要求成吉思汗向新君致以敬意之时，成吉思汗问金使："新君为谁?"来使说："是卫王。"成吉思汗听到之后，朝南吐了口唾沫说："我以为中原皇帝都是天上人做的，没想到卫王这种平庸懦弱的人也做了皇帝。我为什么要拜他呢?"毫不掩饰自己的轻蔑之情。成吉思汗不肯按传统礼节跪拜受诏，上马挥鞭扬长而去。一边是妄图继续以宗主的身份要求对方纳贡，一边是对金国的鄙夷和不屑。愤怒的完颜永济甚至策划在成吉思汗再度入贡时将他杀害。经历这个事件后，双方的关系完全破裂，正面战争成为迟早之事，这个历史的节点不久就会到来。

1211 年，蒙古发动了攻金的战争。这时候的耶律楚材年方弱冠。在蒙古铁骑的凌厉攻势下，腐朽的金军不堪一击。野狐岭（今河北万全西北）之战，蒙古大败金军四十万，金国精锐尽没于此。成吉思汗起兵的理由是要洗清金国加于蒙古人头上的耻辱，后世学者多认为这是一场"民族"战争，目的是反抗"民族"的压迫，获得"民族"的解放，著名史学家拉施特就持这种观点。值得注意的是，成吉思汗在此时还打出了为契丹人复仇的旗号。契丹为金所灭，金朝统治者对契丹人不能充分信任，采取既利用又钳制的策略。而成吉思汗声称契丹人也是蒙古种的，而金人占领契丹人的地方已经接近一百年之久了。这是利用契丹人的亡国之恨以调动其为己用。契丹人的反应，表现了成吉思汗民族策略的高明，真的有许多契丹遗族为他所用。北面边防的乣军（以契丹人为主）倒戈，为他南下创造了便利。

1212 年，契丹人的首领耶律留哥叛金，哲别在他的帮助下袭取了契丹旧都辽阳，并让留哥在成吉思汗的宗主权下自称辽王。辽王也成为成吉思汗的政治工具，很多的契丹民众跟随了这位辽王。而且在蒙古的支持下，叛离金国的契丹人还组织了一支军队，这支军队常常主动攻击金军，为蒙古充当先锋的角色，让金人十分头疼。

随后，成吉思汗攻取了宣化和大同，而本为契丹人的讹鲁不儿将长城的古北口要塞献给了蒙古人。是役之后，长城要塞逐渐都被蒙古攻破，金国的外围基本无险可守，哲别率兵突入了居庸关，直逼中都。

二、身逢乱世，留守中都

耶律楚材大概就是在这样的历史背景下担任开州同知的，时年他二十二岁。当时开州尚未受到蒙古的直接威胁，但耶律楚材的心境估计是很复杂的，因为当时的大势是很清楚的，京城中都遭受蒙古骑兵的威胁。当他出行时，看到无论是朝臣还是普通民众，都弥漫在一种惶惶不可终日的情绪中，他们在蒙古人狂风骤雨般的气势面前显得信心不足。有些人在压力之下庸庸碌碌地奔走，如同无头的苍蝇，有的人在胆怯之中蛰伏起来。在混乱的局势中，即使是好友，也没有多少心情和精力来欢送他了。因此，耶律楚材的上任是很孤独的，居然一个赶来为他送行的人都没有。

时间又过了一年，耶律楚材所在的开州也没有能够逃脱蒙古军队的大肆劫掠。这一年，成吉思汗除了留军队对金中都进行长期的围困之外，还兵分三路对金国的腹地进行打击。

时任中都城北驻军将领的胡沙虎，是个凶悍阴鸷的人物，居然率兵入城，杀死完颜永济，洗劫中都城。继位的宣宗并非一个力挽狂澜的英主，同永济一般平庸。在蒙古兵威之下，他选择了妥协求和，献金帛美女以图喘息。

当蒙古攻势稍减之后，宣宗就率领文武百官逃离了中都，致使全国震动。在京城受到威胁的时候，最高统帅居然选择了放弃京城中的子民，自己率领官员逃走。连皇帝都逃跑了，民众自然对朝廷也失去了信心。于是，金国军心和民心都涣散了，一发不可收拾。

黄河以北的人民知道皇帝放弃京城之后，都觉得中都已经不能够作为安全的栖身之地。于是商贾、平民都纷纷追寻他的步伐，形成了移民潮。耶律楚材的母亲杨氏、妻子梁氏和儿子耶律铉也都在南逃的人流之中。这件事发生在贞祐二年（1214），故史称"贞祐南迁"。这次大的人口迁徙的状况似乎可以想见，逃避兵灾的难民在路上连绵不绝，多少人失去了自己的家当，成为赤贫之人，多少人丢失了自己的妻儿老小，多少人染上瘟疫死去，多少人因为没有粮食饿死，多少人因为路上的无序状态而不明不白地被侵犯……

身为邻国的南宋和西夏，似乎还没有对蒙古重视起来，他们也还看不到如狼似虎的强大蒙古，在吞噬金国之后会把矛头对向自己。特别是金国的世仇南宋，也许还在幸灾乐祸，把这场战争看成是"蛮族"之间的争斗。

连续的失利，没有外援的支持，再加上宣宗的逃离所表现的懦弱，使得金国的心气丧失殆尽。金的局势愈发危殆，让人看不到它还可以翻身的迹象。

宣宗虽然实际上放弃了中都，但是却并不能就这样将其拱手与人，他对中都防守事宜做了一些安排，任命完颜承晖为右丞相兼都元帅，行尚书省事于燕京，辅佐皇太子完颜守忠留守中都。而耶律楚材经完颜承晖上表推荐，就在中都的留守官之列。他被任命为左右司郎中，相当于正六品，不大不小，不疼不痒的一个官员。或许具体的决策不用他操劳，也不用他亲上前线，但这显然不是个好差事。谁都知道，这中都城迟早是要陷落的，在开州体验过蒙古铁骑威力的耶律楚材自然对这一结果是清楚的。城中粮食断绝六十余日，在艰苦的条件下，耶律楚材还是选择了尽忠职守，履行自己的职责。有时，他不得不拿着菜根蘸油盐充饥。不过，这一任命竟成为耶律楚材人生中的一个重要转机。他回到了燕京，并为日后投靠蒙古宫廷埋下了伏笔。

当成吉思汗再一次组织对中都的围困时，留守的皇太子也逃跑了，到汴梁和他的父皇会合，留下耶律楚材等人在城中被包围。中都的外围被逐渐扫清，而彻底成为一座孤城。不难想象，一座孤单的城池中，还有许许多多绝望的士兵和民众，清楚自己命运的他们从城楼上向下望去，四方尽是整齐的帐篷和一排排的抛石机。他们坐等援军，但是望穿秋水也看不到，他们也许不知道，其实宣宗还是派了援军的，只是刚到外围就被歼灭了。

耶律楚材所处的时代背景，正是金朝衰敝、蒙古勃兴，中国自分裂走向统一的转折点。我们要了解耶律楚材的思想与作为，必须要把握住这一点。可以说耶律楚材一生的足迹，都深深地打上了时代的烙印。

三、耶律楚材的走向：学佛习禅

中都守将在长达一年的围困中丧失了最后的斗志和活下去的勇气，精神被击溃，最后有的选择了自杀，还有少数人选择了弃城突围，南逃而去。贞祐三年（1215）五月，蒙古最终占领了中都，这是成吉思汗主持的攻金战争的最大胜利。城中所剩的人口不多，因为在"贞祐南迁"之后，本来就所剩不多的居民，在兵火、饥饿和严寒的折磨下，易子而食、饿殍遍野，已是十室九空。

蒙古人把攻陷的城市掠夺一空。大臣失吉忽秃忽等奉成吉思汗之命，将金朝在中都的府库积聚的金银财宝全都掠走。承载着金国无上荣耀的中都城，昔日的繁华已开始慢慢走远。几年之前这里还聚集着全国的荣官显宦，闹市里的人们熙熙攘攘、摩肩接踵，在高大的宫殿里，还有从遥远的西域而来的朝贡者。而今，只有失去了生气的建筑还凄凉地竖立在那里。

二十多岁，本是人生中最富有激情的年代。之前，耶律楚材还意气风发，想有一番作为，用自己的才能和学术来造福这个国家和它的人民。但现实是残酷的，时世艰难，行将就木的金国没有给他施展才能的机会。相反，生灵的涂炭，加上军队的孱弱，还有皇帝和官员的懦弱给他留下了深刻的印象。从开州到中都，饿殍遍野，满目疮痍，他目睹各种惨相，却又无能为力，对这个朝廷没有办法，对受苦受难的民众也无力挽救，任凭这惨相一次又一次发生，他内心陷入极度的痛苦之中。

早年的耶律楚材笃信儒家学说，并且自负地认为自己是"百尺栋梁"，强烈地追求着建立功业，希望名垂青史。他虽很早踏入仕途，可以说起步不错，但却遇到如上所述的大变故。中都陷落后，这种壮志未酬和生不逢时的挫败感，加上悲惨的见闻，对他的打击很大，他开始觉得茫茫然不知所措了。直到后来佛教进入他思想的深处，才让他感受到心灵上的慰藉。在乱世之中，他不得不暂时把功名之心束之高阁，转而深切地探求佛学的真谛。

自隋唐之后，儒、释、道三教在中国稳稳扎根和生长成熟，已经交融在一起，融入到了文化思潮当中。辽金时代，佛教受到空前的礼遇，当时的燕京有很多的寺院和高僧。自唐以来，更为士大夫推崇的佛教形式是禅宗。作为宋朝儒学形态的理学引入了禅宗的心性之学，推崇顿悟和以心传心的方式。南宋严羽在他脍炙人口的《沧浪诗话》中，几乎通篇在用禅宗的"正法眼""第一义"和"辟支果"等词。

耶律楚材生活的时代，禅宗已经融入士大夫生活的各个方面，每个士大夫都以能说出简单却符合理趣的偈语而自豪，朋友之间的交游和师生的传授，莫不以"拈花含笑"和"以心传心"为得。耶律楚材的父亲与佛教也有渊源。当时的文士皆以同大禅师相交为荣，成为一时风尚，耶律楚材自然也不例外。当时燕京是佛教的中心。中都陷落前，他就同曹洞宗著名禅师、圣安寺的澄公和尚相熟，并曾主动就《高僧传》的内容与他讨论。澄公和尚神气严明，言辞磊落，对耶律楚材也一直颇为称许。耶律楚材对此也颇为自得。却不料中都陷落后，两人再次交流之时，澄公却对他称许不再。

原来，澄公之前看出耶律楚材身为高官，不过是像普通儒士和官员那样，为了附庸风雅，以搜取章句、卖弄学问为风尚，搜集几句佛家语录作为谈资，实际上并不真心信佛。从那个角度说，他已经很不错了。但中都城破对耶律楚材的冲击，使他不得不对人生开始了新的思考，他才开始接触到佛理的本身，试图进入禅宗的真正境界。这时澄公看出耶律楚材是真心习佛，便把他当作尚未融通的佛学之士看，于是便不对他那么赞许了。澄公以为自己年老，心力不足以教诲他，又觉得他是块好材料，于是向他推荐了另外一位造诣精深的高人——万松老人。

万松老人，名行秀（1166~1246），俗姓蔡，河中府解川解县（今山西运城西南）人，是位精通百家之学，儒释兼备、造诣精深的高人。禅宗素有五家七宗之说。金元之际，以曹洞宗与临济宗影响为大。万松老人便是曹洞宗的代表人物。他一生有着丰富的著述，在士林中享有较高的声誉。行秀所著《从容录》与经典《碧严录》同为文字禅的经典之作，影响很大。耶律楚材为之作序，称颂说："其片言只字，咸有指归，结款出眼，高冠今古，是为万世之模楷。"给予了很高评价。在金章宗时代，万松老人就受到皇帝的邀请，入宫说法，还给达官显贵们教授佛法。虽然不断受到赏赐和邀请，但他却并不依附权贵和官府。据说有次皇帝要赏赐他两百万钱，宣读敕旨的使者要求他跪接，却被他拒绝。使者于是威胁说："那我就回去了。"但万松老人仍不为所动，最终还是坚持站着听完了敕旨。这种"沙门不敬王者"的原则，是佛教主张精神和思想独立自由所必需的，却为许多佛教徒所忘却。不为两百万钱的"大利"所动，足见他的高深修为，他也因为这件事情被称颂。万松实际上已成为华北地区佛教界的领袖人物，耶律楚材对他当然也十分崇敬，楚材的好友陈时可也向楚材大力举荐万松老人。

于是，耶律楚材到报恩寺拜见万松行秀，得到收容。在万松门下，耶律楚材抛开尘世间的俗务，不论严寒酷暑，专心致志地苦参禅法，修行了整整三年，终于领悟了禅宗的要领，融通了佛家的要诀，受了"显诀"，懂得了"忘死生，外身世，毁誉不能动，哀乐不能入"的道理，做到万事万物不滞于心、荣辱得失不动其情，内心显得异常超脱和明晰。同时，耶律楚材的人生观也有了很大的变化，变得异乎寻常地超脱了："富贵荣华能几时，生死都来如梦昨。"直到此时，万松老人才认可他作为自己的及门世俗弟子，赐他法号湛然居士。湛然，不是单说佛法精湛，也是指内心的明澈，不为外界的物相所动。居士，是说并未出家为僧，而是在世俗的家中带发修行。

万松老人是位了不起的导师，他引导楚材修行有所成就，却不要求他出家为僧，其实他本身就是兼通儒佛两道的，即"以佛治心，以儒治国"。从此，耶律楚材的人生观发生了很大的改变。在学佛习禅的同时，耶律楚材还非常重视儒学的价值，践行儒家的学说，保持了入世的念头，拯救众生的愿望仍然萦绕在心头。在人生的仕进与隐退的选择方面，他并不消极应对，而是以儒家积极入世的心态去应对；在思想上一切以佛祖为依归，行动上又往往遵循儒家的济世安民之道，这是非常难得的。对于盛衰兴亡，耶律楚材看得十分淡漠："历代兴亡数张纸，千年胜负一盘棋。"作为契丹族的政治家，他没有普通狭隘的士大夫的民族偏见。"南北东西总一家"，他的理想是华夷一统，共享太平。如果时势的发展给他一个入世治国的机会，他就会顺应这种形势，一展平素的远大抱负，在乱世之中建立自己的功业。

总之，在万松老人门下的几年是耶律楚材思想形成的重要时期，对他以后的人生走向影响很大，特别是影响了他的人生观和处世哲学。耶律楚材一生中的重要理念，基本上都形成于这一时期。

第3章

成吉思汗时代的耶律楚材

一、投向成吉思汗：应诏赴阙

成吉思汗在起兵攻金之前，就开始利用金国内部的矛盾，尤其是金国统治者与契丹人的矛盾。成吉思汗声称契丹和蒙古同种，他要洗刷金国强加给蒙古的耻辱，同时也要给契丹人报仇。于是，耶律留哥、耶律阿海、秃花兄弟、讹鲁不儿等多人倒戈，成为蒙古攻打金国的前锋。契丹军成为蒙古经略中原的重要武装力量，可以说，蒙古利用契丹人的策略是很有成效的。这固然与金对辽遗族的控制和压迫有关系，但更多是形势所致，蒙古人强大的实力才是他们背叛金国的主要原因。

在蒙古人攻破金中都之后，成吉思汗依然没有忘记要延揽辽的遗族，为自己所用，于是访查辽宗室近族。耶律楚材是耶律倍一系，属于真正的辽国皇族贵胄，父亲耶律履又身居金国宰辅之列，可谓众望所归的理想人选。因此，耶律楚材对于成吉思汗来说，具有很高的政治价值。如果能够说动他投向蒙古，十分有利于进一步拉拢契丹人。并且，作为蒙古人，成吉思汗崇信萨满教一类的神秘主义，而耶律楚材像他的父亲一样，在占卜和术数方面才能卓越，这一点深为成吉思汗所欣赏。于是太祖十三年（1218）三月，成吉思汗下诏征聘，耶律楚材遂应诏而起，北上觐见大汗。

耶律楚材接受成吉思汗的征召，是出于以下几个方面的考虑：一是对金国君臣的所作所为失去了希望，他们只会在关键的时刻抛弃属下和平民，图得自身的一时安全；二是看清了天下大势，金朝的统治在蒙古军队面前时刻面临着冰消瓦解的危厄，这显然无法挽回了，金国大厦将倾，灭亡只是时间问题，而蒙古人攻无不克，战无不胜，以摧枯拉朽之势占据了金的半壁江山，其强势似乎足以称雄宇内。

如果光从这两点看，这跟其他投向蒙古的契丹贵族，如纠军的首领，并没有什么不同。更重要的原因，是楚材在跟随万松老人参禅后，人生观发生了深刻改变。如果按照"邦无道则隐"的儒家原则，他在这变乱的时代，就只能退出来一个人隐居苦修，最终成为前朝遗老，空带着悲天悯人的无奈离开人世。正是融合佛家的慈悲情怀和儒家的积极入世的信念，使他勇敢地踏入时代的混流，利用自己所处的地位为民众做更多有利的事情："惟期圣德渐遐迩，不惮龙庭万里赊。"

耶律楚材从永安（今北京香山）启程，出居庸关，经云中（今山西大同），历武川（今河北宣德），北度阴山，穿过大漠。一路穿越崇山峻岭，踏过戈壁沙漠，经历千难万险的长途跋涉，历经三个月，最终在当年的夏季到达了成吉思汗位于天山之北的大帐。这应是当时中原与漠北之间一条主要交通线，耶律楚材对此做了比较详细的记载。

对于见到的草原大帐，耶律楚材在《西游录》中这样描述所见到的情景：山川互相交错，山色、天色和草色交相辉映，车帐如同白色云朵散布在草原上，将士们如同雨点般众多，马牛铺满原野，兵甲的光芒照亮天空，营帐前烟火互相映照，相连万里。千古以来，未有如此盛况。

还未见面，他对成吉思汗便开始在心中叹服了。他所叹服的不仅仅是成吉思汗的权力，更有成吉思汗的能力。除了他，还有谁能造就这亘古未有的盛况和景观呢？

随即耶律楚材便在穹庐（古代游牧民族居住的毡帐，即我们今天所见的蒙古包）觐见了成吉思汗。成吉思汗的英雄气概令耶律楚材欣然折服；而这位年方二十九岁的契丹青年，身材魁梧、仪容俊美、声音洪亮，更是为成吉思汗所称赞。尤为难得的是耶律楚材还长着很长的胡须，美髯垂胸。蒙古人特别重视自己的胡子，例如后来讹答剌事件中有使者被烧去了胡子，所有的蒙古人都为此感到愤怒。在蒙古金帐汗国影响下建立起的俄国，直到彼得一世时期在强令下才剃除胡须，可见胡须的非凡意义。蒙古人虽然重视胡须，但大多数人胡须都很短，因此他们认为长胡须的是贵人。而耶律楚材生就一部大胡须，据说可以垂到腰间，这自然让成吉思汗觉得惊奇和喜欢，于是便不称呼他的本名了，而是给予他"吾图撒合里"的称号。吾图（urtu）的意思是长，撒合里（sahal）的意思是胡须。故其汉语意为"长髯者"。这个称号便成了亲切的称呼，最后还变成了一般人对他的敬称。

成吉思汗对楚材说："辽与金为世仇，我已经替你报仇了。"成吉思汗认为他会怀着感恩戴德的心情，因为一般归顺的契丹贵族确实是这样的。

而耶律楚材并非普通的契丹贵族，他不止有高贵的血统，更是一个深受汉文化熏陶的契丹名士，还接受了儒佛两家的义理。他平静地回答道："我的父亲和祖父都曾经以臣子的身份侍奉金主，既然是臣子，又怎敢还怀有二心，仇视自己的君父呢？"

成吉思汗一直很注重君臣和主从的关系，最明显的一件事例，就是他和札木合之间的战争中发生的一件事：札木合的手下把主人抓住送给成吉思汗，使得战争迅速结束，省却了他不少气力。不料他却毫不犹豫，立马下令将投靠者斩首。道理很明显，第一个主人可以被轻易出卖，第二个主人为什么就不能呢？没有人会对"三姓家奴"感到安心。

相较而下，耶律楚材这样的回答体现了他对故主的忠诚，事实上他学佛三年不与世事，多少也包含此意。耶律楚材的回答得到了成吉思汗的赞赏。他说道："此人可用，可以留在左右，以备咨访。"据说，成吉思汗曾对近臣表示："爱君忧国之心，难道有像吾图撒合里这样的吗？"

而耶律楚材对这次觐见也十分满意。"白麻一旦天边来，万里龙庭谒天子。"可见他对成吉思汗寄托了很大的希望。他在诗作中赞扬成吉思汗如同尧舜一样品德上没有缺陷，并且憧憬，在成吉思汗的率领下，华夷混一用不了多久的日子便会实现。

这次觐见之后，耶律楚材摆脱了与金朝的关系，成为蒙古统治集团中的一员，他的人生轨迹同蒙古政权紧密地联系在一起了。

二、扈从西征，表现卓越

耶律楚材应诏之时，成吉思汗早已明白灭金只是早晚的问题，于是在前一年就把伐金的重任全权交付给木华黎这位重臣猛将，任命木华黎为太师、国王，继续负责攻金事宜，而自己把战略重心转移到西征花剌子模国上。花剌子模是崛起于中亚的强国。1215年，正值成吉思汗派军夺取中都之际，花剌子模统治者摩诃末曾派使团前来。成吉思汗会晤了该使团，并派出一支四百五十人的商队进行回访，其中除了蒙古使者兀忽纳外，其他成员都是穆斯林，可见对于商队的组建还是花了一番心思的。但当商队经过花剌子模边境城市讹答剌（今哈萨克斯坦锡尔河中游）时，讹答剌守将贪图财物，袭击了商队。除一名驼夫逃归外，商队成员均遭杀害。对于讹答剌守将的这种愚蠢行为，波斯历史学家痛心地写道："他毁坏和荒废了整个世界，使全人类失去家园、财产或首领。为他们的每一滴血，将使鲜血流成整整一条乌浒河；为偿付他们头上的每一根头发，将使每个十字路口都要有千万颗人头落地……"骄傲的蒙古人自然无法忍受这样的侮辱。成吉思汗向长生天祈祷保佑，誓师征讨。当然，从更深刻的历史背景考察，这次西征，表面上与花剌子模守将杀害蒙古商队的讹答剌事件有关，内里上则是因为刚刚崛起的两个帝国之间无法相容。四方拓土的蒙古帝国的君主，在完结金国主力之后，对西方如此富庶和庞大的伊斯兰帝国产生了兴趣。而刚刚完成扩张、尚未建立严密组织、以高度文明著称的花剌子模，自然也不乐意东边出现一个野蛮而且强大的新帝国。两国之间的不稳定状态终于被打破后，成吉思汗自然不会放过机会，于是激励士卒，厉兵秣马，决议西征。

元太祖十三年（1218）或成吉思汗十三年（1218），成吉思汗决定亲率大军西征花剌子模，这时的耶律楚材已经成为他不可缺少的随从了。成吉思汗的军队于夏天祭旗，准备开拔。不料这时，天空乌云密布，地上也飞沙走石，一时间乌云和飞沙遮天蔽日，冷风呼啸之后，天上飘下了大雪，积到大概有三尺之厚才停止下来。天生异象，是不是预示出兵不利呢？

崇信神秘主义的成吉思汗对此感到十分担忧，并且产生了推迟出兵的想法。军队中讲求雷厉风行，连是否开拔都迟疑不定，尚未开战就遭不利，这对军队士气的影响显然是十分大的。就在突变的天气让人措手不及之时，耶律楚材站了出来，对这种自然现象做了自己的解释：盛夏的季节，突降大雪，不正是预示着我军战胜敌人，就如同玄冥之气克服炎炎夏日吗？

耶律楚材素以善于占卜著称，而他的解释也能够自圆其说，这样一来，成吉思汗的疑虑被打消，军队士气更加高涨，军心就此稳定，蒙古骑兵得以顺利开拔。成吉思汗最后能成功进行西征，可以说耶律楚材建下了首功。

撒麻耳干的生活

对花剌子模的战事进行得非常顺利。"一圣扬天兵，万国皆来臣。"花剌子模军队一败涂地。蒙古大军连克不花剌、撒麻耳干（耶律楚材在诗文中常称之为寻思干城，《长春真人西游记》中称之为邪米思干，意为"肥沃的城市"，是花剌子模国的新都，位于今乌兹别克斯坦共和国撒马尔罕。因在西辽名曰"河中府"，故耶律楚材常在诗中以河中称呼该地，这一重要史实仅见于耶律楚材的记载）等地，占领了锡尔河和阿姆河之间的广大地区；度夏之后，继续挥师南下，攻取阿姆河北岸各城。1221年，蒙古军队渡阿姆河，攻下巴里黑等城；越过大雪山（兴都库什山），击扎兰丁军于哥疾宁（今阿富汗哥兹尼），一直追到申河（印度河）。大将哲别、速不台奉命追击算端，兵锋直抵高加索山至第聂伯河一带。1222年春，蒙古军队溯申河而上略取诸地；夏，驻扎于八鲁湾川避暑；十一月回到撒麻耳干，十二月启程东还。

与中原的景色相比，西域风光更具一种宏大壮美的魅力，令耶律楚材惊奇赞叹。经过金山（今阿尔泰山）时，但见"松桧参天，花草弥谷，从山巅望之，群峰竞秀，乱壑争流，真雄观也"。时值盛夏，却见山峰堆满积雪，冰冻数尺之厚，行军时甚至要凿冰开辟道路。自金山以西，河水都向西流去，这让自幼生活在中原、习惯了"百川东入海"景象的耶律楚材感到惊奇。站在金山之巅，楚材感叹道："这是上天限定的东西流向！"耶律楚材对这奇特的景象表现了浓厚的兴趣。蒙古大军在也儿的石河驻夏后，又到达不剌城（今新疆博乐市），再向南越过雄奇峻险的阴山。对这里的景色，楚材描写道："云霞掩翳山重重，峰峦突兀何雄雄。古来天险阻西域，人烟不与中原通。西路萦纡斜复直，山角摩天不盈尺。溪风萧萧溪水寒，花落空山人影寂。四十八桥横雁行，胜游奇观真非常。临高俯视千万仞，令人凛凛生恐惶。百里镜湖山顶上，旦暮云烟浮气象。山南山北多幽绝，几派飞泉练千丈。大河西注波无穷，千溪万壑皆会同。君成绮语壮奇诞，造物缩手神无功。山高四更才吐月，八月山峰半埋雪。遥思山外屯边兵，西风冷彻征衣铁。"诗中提到的"百里镜湖"，是指天山西部婆罗科努山顶上的赛里木湖。楚材对天池的秀丽风光赞叹不已。大军从阴山南下，经过地势险要的松关（今塔勒奇山峡），察合台曾在此凿石、开道为四十八桥。之后大军出松关而到阿里马城（今新疆霍县附近）。该城以众多的林檎园而得名。林檎是当地的一种沙果（波斯语称 Almalik），种植极广。当地及附近城市还出产葡萄梨果，"播种五谷，一如中原"。

战争期间，耶律楚材没有一直跟随着成吉思汗征讨。1220年，蒙古大军攻下了撒麻耳干这座花剌子模帝国重镇之后，耶律楚材大概受命留驻撒麻耳干，没有随大军继续前行。之后约两年的时间，耶律楚材都留在这里，过上了读书操琴、艺圃耕耘的闲适生活。如果说无法在成吉思汗车前马后占卜吉凶、答疑解难、簿记文书、献谋划策，暂时减缓了他散发耀眼光芒的进程，那么远离车马劳顿之苦，避免凡尘俗物之累，对他来说则是一种享受。而现在，在具有西域典型风俗的撒麻耳干，"异域风光特秀丽，幽人佳句自清奇"，正是他安然自得地体味西域风情的绝好时机。"寂寞河中府，临流结草庐。开樽倾美酒，掷网得新鱼。有客同联句，无人独看书。天涯获此乐，终老又何如。"可见他居留期间有居室、有家丁，生活得非常舒服。前方的战事虽在继续，这里却是一片祥和的绿洲。耶律楚材在风光绝美的塞外大城撒麻耳干为官数年。因为兵火之后当地所留户口不多，他也并非当地的达鲁花赤（蒙古语，指镇守监临的官员）一类的行政人员，所以俗物对他的牵累减少。他开始有较多的闲暇时间，有机会去体察当地的自然风光、水土物产和人情风俗，包括城池、园林、气候、农业、手工业、商业及各类特产等，并都做了详细的记述。

撒麻耳干城市富庶，环城数十里都有园林，"花木蔽春山"，而且建设得富有情趣，灌溉的飞渠，甘美的泉水，半亩方塘，一片池沼，柏柳相接，桃李相延，正是"河中类余杭"。果园中出产的甘瓜为当地特产，其中巨大的如同马首，味道也极佳。西瓜如同鼎一样大，只要半个就装满了筐。瓜果飘香，让人沉醉其中。河中（即撒麻耳干）的酒宴更是风味独特。土床设馔，石鼎烹茶。常常喝茶煮饼，吃煮饼时必投入豌豆。当地人还以葡萄酿酒——"烂醉蒲萄酒"。据耶律楚材说，这种酒味道"如中山九酝"，看来还是相当不错的。园林果蔬，美酒佳肴，撒麻耳干中的耶律楚材宛然处于一个世外桃源。于是，本为文人的耶律楚材在这里诗兴大发，在闲暇之时与朋友交游，欣赏当地风景，写下了大量描写当地自然景色与社会风俗的诗歌。他还经常到离撒麻耳干不远的不花剌城，与当地的守城长官蒲察七斤相交甚契。这位蒲察七斤就是1215年降蒙之金通州右副元帅，归降后仍授元帅官衔，南宋使臣称之为"七金宰相"，双方在一起吟诗作对，有很多赠诗流传下来。在诗中，耶律楚材对不花剌城"锦城风景压河中""风光特不让苏杭"的优美景色赞叹不已。当地的佳人学习汉舞，官妓则会拨弄胡琴，这样东西文化交融的珍贵场面，也被耶律楚材记录下来。

耶律楚材的西域纪行诗具有很高的价值。几个世纪以来，很少有中原士人涉足西域，亲身体验当地风土。而耶律楚材趁此良机，目睹耳闻，细致考察，留下了详细的记录。与其他类型的诗歌不同，这些诗如《西域河中十咏》等，重在写实，用本色写成而富有意趣，展现了当地人民真实的生活场景。如"颓垣绕故城""避兵开邃穴，防水筑高台""蒲萄垂马乳，杷榄灿牛酥""蒲萄酒熟红珠滴，杷榄花开紫雪香""黄橙调蜜煎，白饼糁糖霜""六月常有雪，三冬却有雷""食饭秤斤卖，金银用麦分"等，读来栩栩如生。西域瓜果飘香，香甜可口，给楚材留下了深刻的印象。他记录了石榴、葡萄、西瓜、杷榄等各种各样的水果。其中杷榄是指巴旦杏，自伊朗地区传来，尤受楚材喜爱。据《长春真人西游记》（简称《西游记》）记载，杷榄春天开花，秋天结果，味道与胡桃仿佛。而对于西征这样大规模的战事，尽管反对杀戮的耶律楚材怀有深深的隐忧，发出了"西行万余里，谁谓乃良图"的感叹，但他还是对这样的壮举进行了赞颂。

在悠闲的同时，耶律楚材也感到深深的寂寞。"自怜西域十年客，谁识东丹八叶孙?"他对遥远故乡的亲友十分思念，常常寄书给他们，尤其思念自己年迈的母亲。所谓"万里西行愁似海，千山东望远如天"，正是表达了这样的感情。西征期间他还和万松老人频通音讯，寻求精神上的寄托。

唱和长春真人及后来的交恶

耶律楚材的域外经历，让我们自然而然地想到了当时应诏前往成吉思汗大营的汉族道士丘处机。这位全真教的掌教，也是不远万里，跑到西域成吉思汗的大帐，和他讨论一些问题。

事实上，耶律楚材身为大汗的侍从，也和丘处机打过交道，两个人之间还有一个比较复杂的交游过程。

时逢乱世，芸芸众生如蝼蚁一般，妻离子散是常有之事，家破人亡也并不鲜见。因此，在宋金战乱之际，淮河以北的全真教开始兴起。该宗教吸收了禅宗识心见性的修行方式，并且教导人们去除欲望，安贫乐贱，"除情去欲，忍耻含垢"，宣扬消极避世和忍辱偷生的思想。这对于人们化解心中的极度痛苦，在乱世中生存是有用的。除了慰藉乱世中人的心灵，全真教还大力提倡苦己利人，通过身体力行来帮助其他处于苦难中的民众。由于以上的原因，淮河以北的很多汉人非常尊敬并主动支持全真教，他们的势力迅速发展起来，成为北方地区最具社会影响力的宗教派别。丘处机是山东登州栖霞人，为全真教创始人王重阳的七大弟子之一，道号长春子，世称长春真人（真人，意为道士）。丘处机本人具有很好的个人魅力，从外貌上看仙风道骨，而且聪敏强记，广览群书，有着非常广博的学识，还擅长吟诗作诵，所以被普通民众奉为神人。1203年之后，丘处机成为最有威望的掌教首领。同时，全真教势力日益发展壮大，甚至形成"全真教徒满天下"的局面。

如此这般，没用多长时间，全真教成为北部中国影响极大的宗教组织。据说在极盛时，全真教在北方的教徒数以万计。作为全真教宗师，丘处机声名广为传播。这自然引起了金和南宋的关注，两国统治者都想借助全真教的势力维护自身统治，于是多次征召丘处机赴宫廷觐见。一时之间，全真教成为各种政治势力竞相争夺的香饽饽。但全真教和作为掌教的丘处机一定会斟酌再三，再定前途。所谓识时务者为俊杰，弱金残宋，显然都不能主宰当时的大势了，所以洞若观火的他们一直保持缄默，拒绝了金宋两国的征聘。有人对此不解，丘处机则说："我的行为都是顺应天道，不是你们所知道的。当留不住，必须要去的时候我自然会去。"

人于世上，任你功业盖世，任你体壮如牛，黄土都是最终的归属。而那些纵横天下的强者最害怕的也莫过于此，这时候渐渐衰老的成吉思汗自然也不例外，对长生不老无限向往。于是在西征之际，成吉思汗对这位真人发生了兴趣，于是派刘仲禄为使臣，持手诏，携带"如朕亲行、便宜从事"的金牌去敦请。刘仲禄是汉人，谙于医道，以善于制作鸣镝得到成吉思汗宠信。刘仲禄在成吉思汗面前极力推荐丘处机，说他是东方的神仙，有长生之术，活了已有三百多岁，劝说成吉思汗下诏迎请。耶律楚材当时也在成吉思汗身边，对于此事了然于胸。刘仲禄向丘处机表示："师父名重四海，仲禄奉皇帝特诏而来，哪怕逾山越海，岁月久远，也一定要将师父请去。"在刘仲禄的敦请下，年迈的丘处机感到蒙古势力强大，成吉思汗"天赐勇智，今古绝伦，道协威灵，华夷率服"，又实行宗教优待政策，于是应诏而起。

太祖十五年（1220）正月，七十三岁高龄的丘处机偕李志常、尹志平等弟子自莱州出发。在西行途中，丘处机一度惮于长途跋涉，想要在德兴（今河北涿鹿）停留，上书成吉思汗，要求在此等待圣驾东还。耶律楚材奉成吉思汗之命，草诏催促其西行，其中写道："军国之事，非朕所期，道德之心，诚云可尚……达摩东迈，元印法以传心；老氏西行，或化胡而成道。"借助老子曾西游天竺教化胡人、释迦牟尼乃老子化身的传说，敦促其西行。这份诏书被保存在《南村辍耕录》中，至今还可见到。这说明一直秉持"三教皆有益于世"理念的耶律楚材，站在帮助大汗"安天下"的角度，对于长春真人的西来是赞成的。"千山及万水，不知是何处?"经历一年多的长途跋涉，丘处机一行终于到达撒麻耳干以西、阿姆河附近的大雪山（兴都库什山）行营，受到成吉思汗的隆重接待。大约就在此时，耶律楚材与丘处机初次会面。

见到丘处机之后，成吉思汗一上来便问长生不老之事:"神仙有何长生之道教我?"这位年老的可汗寻找不死之方的迫切心情显现无遗。但丘处机笃诚地告诉他有延年益寿之道，却无长生不老之方:"有卫生之道，无长生之药。"这样的回答自然不合大汗的本意，但真人诚笃的态度仍然赢得大汗的好感。成吉思汗在长生不死的愿望破灭之余，不免有些失望，但是还是想好好请教一下延年益寿之道，毕竟能延长寿命也是不错的。于是丘处机又为他讲道，以"减声色，省贪欲"为言，大体内容是劝诫大汗要做到清心寡欲，不嗜杀生灵，要敬天爱民。丘处机说的这些放在今天都不觉得稀奇，但听者是成吉思汗，就不一样了。成吉思汗显然是不懂这一套的，而且他还得到这个道人活到了三百岁的信息，所以对丘处机的这番讲道还是比较赞许的。他觉得很有道理，对左右人表示:"神仙三说养生之道，很合我的心思。"虽然成吉思汗心里也清楚，他自己的这种仿佛自出娘胎以来就带有的血腥和凶悍，又怎么可能从根本上改变呢。

成吉思汗与丘处机的讲道、会谈，内容虽属绝密，但耶律楚材大概作为翻译进行过陪同，所以非常了解。耶律楚材在

《西游录》中提到丘处机"所对皆平平之语言及精神气之事"，就是明证。《玄风庆会录》记载了丘处机对成吉思汗论道的言论，从各种迹象推断，此文很可能就出自耶律楚材的手笔。对于丘处机的讲道，博学的耶律楚材自然不会如成吉思汗那般兴奋，他认为丘处机没有什么高明的见解。

丘处机在设于大雪山的行营先后讲道三次。丘处机西行万里，意图"以有为之教，化无为之士"，即以全真教教义来劝说成吉思汗不嗜杀人，"拯亿兆于沧海横流之下"，争取让人民过上和平安定的日子。当然，这方面的效果十分有限，蒙古旧有的观念、习俗也不可能立刻改变。不过，成吉思汗仍把丘处机当得道之士看待，声称："我今愈信真天人也。"给予很高的礼遇。丘处机也认为成吉思汗是个有能力、有胆略的君王，所以两人之间的关系还是十分融洽的。于是成吉思汗授予丘处机管理天下道教的权力，以丘处机在宗教方面的崇高威望，加强蒙古在中原地区的统治。丘处机也欣然应允了。丘处机的西行，使他成为中原地区带头接受大蒙古国统治的宗教首领。

其实在此期间，耶律楚材与丘处机两个人之间也有比较多的交往。一般的说法，大概是两个人由于佛、道之间的冲突，相交不契。这种说法太过笼统，其实他们两人的交往有着一个挺复杂的过程。

要知道，在距中原万里之外的中亚深处，人口已稀少，更不用说饱学多才之士了。两个才学高深之士，竟能在西域相见，自然非常难得。在西征期间，除写作西域风光诗外，耶律楚材经常交往的，也只有郑景贤、王君玉等寥寥几人，所谓"翻腾旧案因君玉，唱和新诗有景贤"。他只能为远在故乡的师友写诗，寄托思念之情。而丘处机的到来，使耶律楚材有了一个吟诗作对的绝佳搭档，两人唱和了不少诗篇。而且两个人都在燕京待过一段时间，虽然他们是否之前就认识已经不可考证，但是他们都互相听说过对方，而且可以肯定他们的交游圈子还有一定的重合，毕竟都是当时响当当的大名士，燕京城也就那么大。远离家乡故土的两人在异域相见，款待从家乡远道而来的客人，耶律楚材心里也有一种说不出的亲切感。

一开始，丘处机明言耶律楚材崇尚释教，而自己崇尚道教，宗教旨趣迥然不同，恐怕难以相容，必生争端。佛道两家，本不相类，存在着深刻的矛盾，乃至互相攻讦。却不料耶律楚材气度不凡，他认为三教自魏晋以来便相互融合和共存，从来也没有出现谁吞并谁的问题，"哪个尊崇，哪个卑微，汉唐以来，早有定论，难道还要由庸人俗士强为高下吗?"这反映了耶律楚材一直以来的宗教观念，也确是事实。

两人还秉持着共同的政治愿望，都力图终止残酷的战争，由武功走向文治。在蒙古统治范围内，建立起正常的统治秩序和社会生活。于是，两个人搁置了宗教信仰的不同，都主张成吉思汗尽量减少杀戮，相处得还是不错的。两个人都是雅士，一个是岁值盛年的佛教居士，一个是年逾古稀的道教真人，相携游览异域美景，互相作诗酬唱。在丘处机留居撒麻耳干的大半年时间里，二人"联句和诗，焚香煮茗，春游邃圃，夜话闲斋"。仔细参照《长春真人西游记》和《湛然居士文集》中两人同时同地所作的诗篇，如游河中等地写的诗，会发现多篇在主题和用韵上都是若合符节的。丘处机曾作诗："阴山西下五千里，大石东过二十程。雨霁雪山遥惨淡，春分河府近清明。

园林寂寂鸟无语，风日迟迟花有情。同志暂来闲睥睨，高吟归去待升平。"耶律楚材和曰："幽人呼我出东城，信马寻芳莫问程。春色未如华藏富，湖光不似道心明。土床设馔谈玄旨，石鼎烹茶唱道情。世路崎岖太尖险，随高逐下坦然平。"丘处机曾就金山吟诗："金山南面大河流，河曲盘桓赏素秋。秋水暮天山月上，轻吟独啸夜光球。"耶律楚材逐韵和道："金山前畔水西流，一片晴山万里秋。萝月团团上东嶂，翠屏高挂水晶球。"但既然是相互酬答的诗篇，为什么又不注明对方的身份，却留下谜让后人去猜？岂不是怪事！

其实这两本书，都是后来两人交恶之后才成为定本的。两人发生了分歧和对立，于是便不念旧情，把诗歌里的部分信息给剔除了。那么，两个人为何会交恶呢？

丘处机作为全真教的掌教，德高望重，在他离开燕京的时候，全真教的门徒和诸多士人都主动为其送行，也留下了很多唱和的诗篇，而且送行的人里面有些是耶律楚材的旧友。如果说这些朋友当初没有好好给自己送行，现在却对这个老先生如此尊敬，耶律楚材因此而嫉妒，这显然不符合实情。

当时，信仰全真教已经成为一种风气，这些友人中当然也有信徒。这还不算，他们还试图劝说耶律楚材也加入他们的行列。如果说三教并立是中国古代的常态，那么前提就是互相尊重，井水不犯河水。耶律楚材个人先是学儒，而后又参佛，学成之后，心志已定，自然不会改变自己的信仰。他的朋友让他入教，他不同意也就罢了；还有全真门徒劝他拜丘处机为师，这显然伤害了耶律楚材的宗教感情和个人尊严。耶律楚材以"降了乔木，入于幽谷"婉拒之。这是借《诗经·小雅·伐木》

047

"出自幽谷，迁于乔木"之语，来表明自己信仰坚定，绝不会倒向全真。

在耶律楚材留下的材料中，我们发现，他后来对丘处机的学识和品格都产生了怀疑。据耶律楚材的《西游录》中所述，他在同丘处机的交往渐深之后，逐渐发现这个老者的学识不过尔尔，学说不成严密的体系，而且其中有不少虚妄可笑的部分。在耶律楚材心目中，全真的一些说教是浅薄乃至可笑的。"茅山道士真堪笑，虚费工夫炼五金。"

在《西游录》中，他指出了十个对丘处机不满意的地方。比如让耶律楚材取笑的一件事是，当成吉思汗询问丘处机的年龄时，他居然说自己也不知道。这让耶律楚材觉得他不诚实。这些记录中除去对丘处机学问人品的斥责外，另外几项则反映了当时佛、道的激烈冲突。

两人存在宗教上的基本矛盾。耶律楚材认为丘处机不讲信用并且心胸狭窄，企图掌管天下的宗教，但又总是跳不出全真教的圈子。在西域的时候，丘处机和耶律楚材两人商量过，让成吉思汗免除僧道的赋税。但是丘处机在得到了掌管道教的权力后，再奏请这件事的时候就只说道士的事，根本就把僧尼抛到了脑后；丘处机私自使用驿站，请求牌符，企图统管僧道；丘处机还毁掉夫子庙和佛寺，变成道观，扩充道教的田产，使全真教的势力越来越大。佛教僧人和儒士的利益却遭到了损害。

两个人本来商量得好好的，想弥合不同教派之间的矛盾，从而实现共荣。儒佛混融的耶律楚材一直坚持佛道并重，不存在尊崇这个贬抑那个的问题。全真教的肆意妄为，让耶律楚材感到不安。更为严重的是，以丘处机为首的道教利用大汗给予的特权扩展全真教，在得势后趁机大肆侵占儒教和佛教的生存空间，并且试图兼并佛教，这自然让耶律楚材感觉到被欺骗，觉得对方背信弃义，从而对其人格和心胸产生了严重的怀疑。耶律楚材甚至认为全真教只是一种异端而已。当然，楚材指斥的十大罪状也失于偏激。

道不同不相为谋，两个在信仰和思想这个根本问题上发生分歧的人，很难走到一块儿去。两个都有文采学问，并且都是留惠于民、建立一番大功业的贤士，本来应英雄惜英雄，留下一番佳话才是。不料两人竟因为宗教的歧见，而至于不相容，确实让人觉得十分遗憾。耶律楚材自己也说："我与丘公，友爱他的人身，而不友爱他的思想，称许他的诗作，而不称许他的说教。"

丘处机东返，于1224年春回到燕京，1227年死于此地，终年八十岁。他西行的见闻和经历，被他的弟子李志常撰为《长春真人西游记》。这是第一部汉文记载的、涉及地域横贯蒙古高原的、"主人公"亲身经历的游记，记载了自天山东部到河中的广大地域，包括寻思干等城，对于世人了解13世纪的蒙古高原和西域地理具有无可比拟的珍贵价值，可与地理名著《大唐西域记》相媲美。书中对于蒙古族的游牧生活和习俗、中西交通路线、西域各地的出产、风俗等，也都做了介绍。相应的，耶律楚材也撰有《西游录》一书，讲述自己的西行见闻，与《长春真人西游记》交相辉映。

解角端之语，促大汗班师

在这次长达近十年的西征中，耶律楚材一直待在西域，那么他又有什么样的经历，扮演着怎样的角色呢？可以通过他的几件有代表性的事情略窥一斑。

耶律楚材的第一个身份，是星相占卜的术士。成吉思汗信仰萨满教，信仰万物有灵，信仰至高无上、力量无穷的"长生天"，对耶律楚材的占星术尤为看重。每遇将士出征，成吉思汗必定命耶律楚材占卜吉凶，以增强将士的斗志，坚定必胜的信心。成吉思汗自己也用蒙古传统的占卜方法——烧羊髀骨检验。由于耶律楚材的博学多识和善于占卜，对于天象的解释和人事的占卜十分灵验，深受崇信萨满教、文化程度较低的成吉思汗及蒙古士兵的信任，于是他带有神秘主义的预测被流传下来不少。我们也可以看出，当时的人对他的才能是多么迷信。

在西征的路途中，有一次耶律楚材对成吉思汗说："十月十五可以见到月食。"到了那天晚上，果然"月食八分"。成吉思汗惊喜地说："你对天上的事情尚且无所不知，何况是人世间的事呢？"太祖十五年（1220），蒙古军队攻占了蒲华、寻思干等城后，出现了冬天打雷的天象。蒙古人十分敬畏雷电，对此惊疑不定。成吉思汗于是询问楚材这是何预兆。耶律楚材胸有成竹地预言道："花剌子模国王摩诃末当死中野。"后摩诃末被蒙古骑兵追得穷途末路，最后死在里海的一个小岛上，楚材的预言得以应验。太祖十七年，耶律楚材还通过"长星见于西方"的天象，预言金宣宗完颜珣之死，第二年也得到应验。这样精准的预测是真实存在，抑或是后人的附会，都非我们今天所能知晓的了。而下面这一奇遇，则将耶律楚材的博学广闻形象推上了顶峰。

在蒙古军队西征之际，准确地说是太祖十六年五月，成吉思汗率大军经过印度的边境，驻跸铁门关（今乌兹别克斯坦共和国沙赫尔夏勃兹南九十公里拜松山中布兹加勒山口），遇到了一件奇事。大汗的侍卫将领在这里发现了一头怪兽，它长着鹿的形体，马一样的尾巴，全身绿色，头上还长着一只独角，可以通晓人类的语言。它告诉成吉思汗的侍卫："你们的君主应当早日班师回国。"一众蒙古人对外形奇特、能解人语的怪兽毫无所知，并且十分害怕，惊恐万状的他们将此事报告了成吉思汗。成吉思汗也是惊疑不定，向帐中臣僚询问。最后还是见多识广的耶律楚材趁机进言，给出了自己的解释：这种怪兽叫作"角端"，一天能走一万八千里，通晓各种语言。角端是"恶杀之象"，他的出现预示着杀伐过多，这是上天对陛下的警示。希望陛下能够顺承天意，宽宥百姓，及早班师，这样才会有无疆的福祉啊！成吉思汗听从了耶律楚材的建议，很快就下诏班师了。

这就是著名的"角端人语大兵还"的故事。它带有浓厚的神秘主义色彩，脍炙人口，在后世多有传诵。此事在《元史》中即有记载，明代还有人在文集中多次记录这件事，比如宋濂写有《西域军中获角端颂》大加渲染，流传非常广泛，影响较大。不过，此事也存在着诸多疑点，值得注意。有的学者根据耶律楚材的孙子耶律希逸的诗句"角端呈瑞移御营，搯亢问罪西域平"，认为正确的理解是，正是出现了角端这一吉祥之物，成吉思汗才顺利完成了西征，而与所谓的班师并无关系。这种说法也能自圆其说。但最关键的一点，也是人们最感兴趣的是：这只叫作"角端"的怪兽究竟是什么东西呢？世界上真的存在这样奇异的动物吗？我们首先必须从史籍中记载的角端的外貌特征入手考察。

关于角端的样貌，史籍记载基本相同，都描述说它具有鹿的形状和马的尾巴，似乎与四不像（麋鹿）相仿。但它身体是绿色的，头顶长有独角。还有传说讲它的眼睛如同火炬，披着五彩的鳞片，极为高大，这应属于进一步的渲染，不足凭信。不论怎样，这只所谓的角端长相都是非常奇异的。角端是中国古代传说中的一种怪兽。它最早见于《汉书》，是类似于麒麟的一种瑞兽，特征是通晓人的语言，故耶律楚材有此解释、附会。

但从现代科学的角度来讲，这应是一种生活在中亚密林中，不为当时中国人所知的奇特动物。有人以为是犀牛。但近来据学者考证，可能是长颈鹿科的"奥卡狓"（Okapia johnstobi）在中、南亚的亚种。这种动物体大如骡，形似长颈鹿，肩高一点五米。雄兽的眼睛前面生有一对匕首状的小角，长七点五厘米，耳大尾长。其样貌特征与史籍中记载的角端极为相像。这或许就是传说中角端的真身。

解开蒙古人对于神秘怪兽的疑惑，使耶律楚材的声望得到进一步提高。而因势利导，劝说成吉思汗班师回朝，则有着更重大的意义。因为成吉思汗从发迹开始，从未改变蒙古部族的野蛮习性。他带领骑兵，每攻取一地，往往都会选出有特殊技艺的工匠留下，杀掉大部分的精壮，然后掳掠牲畜和妇女。如果稍遇抵抗，那么城破之后便是尽皆屠戮的结局。更不用说莫图根这样的亲贵战死的撒麻耳干了，这座人口近百万的大城在城破之后立刻变得异常空旷和寂寥。一个幸存者这样形容被蒙古洗劫的不花剌的情况："他们到来，他们破坏，他们焚烧，他们杀戮，他们劫掠，然后他们离去。"寥寥几语反映了当时战争的残酷。从出征开始，耶律楚材一直都劝诚成吉思汗不要妄杀平民，但成吉思汗热衷于无休止的军事征服，对楚材的主张不感兴趣，根本无暇顾及。楚材的劝谏对好杀成性，以夺取异族的财产和妇女为务的成吉思汗往往无济于事，反被同样崇尚暴力的蒙古亲贵们所耻笑。耶律楚材甚至找不到"陈书自荐"的机会，只得感慨道："笔头解作万言策，人皆笑我劳无功。"因此，耶律楚材盼望战争早日结束，自己可以返归故里，"天兵几日归东阙，万国欢声贺太平"。

恰在此时，战况也发生了变化，波斯史学家记述道，连年征战使得士兵身心俱疲，许多战友埋骨他乡，众多士兵染上了瘟疫，难以再战。西征返回的时机到了，怪兽角端恰在此时出现。耶律楚材于是以角端一事借题发挥，以上天的意旨劝说信奉"长生天"的成吉思汗。这些客观的情况，似乎与所谓"上天的警示"之间相契合，所以在耶律楚材适时的劝谏下，成吉思汗最终不得不打定退兵的主意。一场旷日持久、伏尸万里的战争，竟然这样奇妙地结束了。战火就此熄灭，生灵得以保全，耶律楚材在举重若轻之间，积了一件大功德。因此，剥离开此事带有的神秘色彩，我们认为历史真相也许是这样的：当成吉思汗在作战中遇到困难的时候，再次求助于占卜。而耶律楚材也随机应变，发挥了自己的独特作用。

与一个占卜的术士形象不同，耶律楚材的第二个身份，是成吉思汗的汉文书记。准确地说，他是大汗宫廷的必阇赤，即掌管文书的侍从官员。凡是蒙古汗廷的汉文文书，都交由他处理。1221 年，南宋使臣赵珙出使蒙古，归来后著《蒙鞑备录》。

在书中，他提到燕京有移剌晋卿（即耶律楚材，金代称耶律为移剌，耶律楚材字晋卿），是契丹人，科举登第，现在在内翰任职，掌管文书。这条记载并非十分准确，因为当时耶律楚材尚在远离燕京万里之遥的西域，赵珙应是采自传闻。不过他能听到耶律楚材的声名，可见楚材应是有一定权势了。耶律楚材可以通过自己的便利地位，按照自己的意愿处理一些事务。因此，一些中原官僚，就通过他联络汗廷。但当时戎马倥偬，各项制度未及建立，耶律楚材所管理的多是闲散政务，难以干预军国大计。1225 年，耶律楚材尚在高昌城（今新疆吐鲁番）中，在他寄给中原朋友的信中，就表示自己供职翰墨，军国大事是不能够预闻的。的确，军事作战等机密要务，成吉思汗只与号称"自家骨肉"的蒙古亲贵商议，耶律楚材并没有资格参与。不过，这段经历对他来说仍是意义非凡。在窝阔台时代，管理汉地的政务日趋繁多，汉文书记的地位变得重要，耶律楚材也获得了"中书令"的显号。而最初的基础，正是在这时打下的。

即使如此，耶律楚材仍然受到朝中某些人的责难。有一个叫作常八斤的西夏人，善于制作良弓，得到成吉思汗的喜爱。他恃宠而骄，曾充满惊讶地对耶律楚材说道："本朝崇尚武功，而明公想要以文治得到任用，岂不是与之相左吗？"这番话代表了蒙古大多数武将和工匠的疑问，耶律楚材不得不反击，申明自己的治国主张："制作弓箭尚且需要技艺精湛的工匠，治理天下难道就不需要良匠吗？"以众人都熟悉的比喻作了回应。据说成吉思汗听到这番话非常高兴，对耶律楚材更加重用。

西征的路途遥远而又艰险。经过数年征战之后，成吉思汗决意东归。1223 年，成吉思汗率大军自锡尔河东还。1224 年夏天，成吉思汗在也儿的石河驻夏；第二年春，回到蒙古本土土剌河上老营。而耶律楚材本人，受命到塔剌思城临时管理当地的屯田事务，并没有随成吉思汗大军东返。大概在 1224 年，耶律楚材从塔剌思城东返，穿过阴山的松关，沿天山北麓东行，约在 1225 年的冬至到达瀚海军的高昌城，并在那里过冬。在这里他撰写了《辨邪论序》，对佛教之邪"糠孽"大加鞭挞。所谓"糠孽"就是"糠禅"，是当时中原的一个佛教流派。糠禅派反对佛教的教义制度，特别是反对崇拜佛像，反对布施忏悔，成为非常偏激的一派。作为佛教的忠实信徒，耶律楚材认为糠禅严重地伤风化，于是奋而担当起"护法"的重任，对之加以严厉的驳斥。次年六月他已在肃州。不久，蒙古征服西夏的战争爆发，耶律楚材于是随蒙古大军进入西夏境内，开始了一段新的人生征程。

三、从征西夏

成吉思汗在完成西征之后，又筹划了对西夏的征讨。西夏是党项族于 11 世纪在中国西北地区建立的政权，与辽、金、宋等对峙近二百年之久，但此时已走向衰落。在此之前的几次征讨使得西夏对蒙古俯首称臣，并且献出了大量的宝物以求和。但是，蒙古对西夏，不像金对南宋那样，仅仅称臣纳岁币就满足了。蒙古企图完全直接地控制西夏，然而立国近二百年，与数个东方政权并立的西夏，并不甘心彻底地沦为仆从。

先前当成吉思汗打定西征的主意的时候，就下令让西夏作为仆从国派出军队协助战斗，而西夏还试图维持独立的姿态，拒绝了这种削弱自身实力又得不到任何好处的行为。显然，这让成吉思汗大为恼火，心里早就做好了惩罚西夏的打算，只不过是出于西征大业的考虑暂时将西夏放在一边。

西夏人自然也料到了后果，当蒙古主力西征之时，西夏趁机联系漠北尚未被蒙古征服的部落，试图孤注一掷，打击主力未返的蒙古。但是蒙古本土的将领获悉西夏的图谋，集合剩余的兵力，打得西夏人毫无还手之力，最后不得不遣人质投降。

当1225年末成吉思汗大军返回的时候，已经做好了灭亡西夏的准备，于是便借口对方迟迟不纳人质，于第二年二月发动了灭亡西夏之战。战争直到1227年的夏天才结束。攻打西夏时，耶律楚材作为大汗的随从，也亲身参与了这次军事行动。

这次战争与前面的战争结果一样，都是蒙古人取得了最终的胜利，不同的地方就是此战的惨烈程度。西夏所占据的虽只是西北一隅之地，疆域难称辽阔，但是全国人民都有尚武的风气，统治比较稳定，这也是他们能够在西陲挺立近二百年的原因。蒙古人在西夏遭遇到前所未有的抵抗，特别是在灵州和兴庆府（今宁夏银川），每前进一里，都要付出惨重的代价。经历拉锯式的殊死较量，西夏人最终国力耗尽，不得不投降。

耶律楚材此时也在蒙古大军之中，参与了灵州之战这场最为惨烈的战争。而他的功绩，倒不在出奇谋制胜，或是像先前那样预测结果、振奋军心了。

当蒙古人以惨胜占领这座西夏重镇之后，他们还是像往常那样，在城内纵马奔驰，用马刀砍杀路上的行人，顺手掠起手无寸铁的妇女，突入商铺和住宅，搜刮走最贵重的物品。

耶律楚材作为有见识的士大夫，虽然他主张减少杀戮、实行教化的政策时常被蒙古贵族们所嘲笑，而且从来都没有被成吉思汗所认真地执行过，但是他仍然坚持着自己的原则，从来不同流合污。

在军队占领灵州后，大家都大肆地搜刮着财产和妇女，唯有这位长者异常有见识地取得了几部书和两骆驼驮的大黄。不久，大战之后瘟疫横行，楚材以大黄医治，挽救了很多人，包括几万名军士的生命。如果说大黄作为重要的药品，拯救了许许多多受困于瘟疫和疟疾的苦难者，那么他对典籍的保存更是使它们免除了兵火之厄，为世人保留了许许多多价值不可估量的精神文化遗产。这便是他在灭亡西夏战争中所表现出来的高人一筹的见识，和他所立下的不世奇功。

灵州被攻克后，成吉思汗挥军攻打西夏都城兴庆府。1227年七月，一代天骄成吉思汗病逝于清水县。他临终前要求秘不发丧，待西夏来降时，将其皇族全部杀死。不久，穷途末路的西夏国主请降，蒙古贵族依照成吉思汗的遗嘱将其杀死，并对兴庆府展开了大肆劫掠，西夏灭亡。成吉思汗临终前还给他的子孙交代了灭金策略，即假道于宋，实行战略大迂回，然后聚歼。这体现了成吉思汗高明的军事眼光，窝阔台即位后正是依计而行，完成了灭金大业。

最重要的是，这位天之骄子还向他的继承者们留下了另外一个郑重的嘱托。传说成吉思汗指着耶律楚材说："这人是上天赐给我们的，你们要加以重用。"这是成吉思汗重要的遗命之一。

成吉思汗的时代结束了，耶律楚材即将步入一个新的时代。他将施展抱负，作为汗廷的股肱重臣，建立不世的功勋。

第4章

窝阔台时代：汗廷重臣，中流砥柱

一、燕京除恶

当西夏的末主率领军民投降的时候，他们不知道成吉思汗已于不久前去世，当得知这一消息时却已经面临要被砍头的命运了。成吉思汗虽死，但他灭亡花剌子模和西夏两个大国的大业还是顺利完成了。问题是成吉思汗死后，谁将竖着九尾大纛带领蒙古的骑兵纵横天下？虽然出征前，就由也遂皇后出面提出了继承的问题，并最终确认窝阔台为接班人，但是拖雷却成了实际上的掌权者。

在蒙古有幼子守产的传统，于是当成吉思汗出征的时候，便留下拖雷监国。在财产分配问题上，蒙古人也倾向幼子，于是成吉思汗把二十多万部队中的十余万留给了拖雷。在新的忽里台大会召开前，无论从道理上还是实力上，拖雷都是实际上的执政者。于是，在新的大汗选出之前，大蒙古国进入了拖雷监国时期。

大约在成吉思汗驾崩的当年，即 1227 年，耶律楚材与蒙古大军一起自新安、云中、东升（今内蒙古托克托）、沙井（今内蒙古达尔罕茂明安旗）等地北返。从耶律楚材踏上西征的路途，到他回到东方的蒙古汗廷，已经好几个年头了。当年奉诏北上时，耶律楚材还是一个不满三十岁的青年，如今却接近不惑之年，两鬓也生出了白发，"十年去国久，还乡两鬓幡"，正是"我游北海年垂老"。多年的行军生涯，还使他患上了严重的足疾，并陪伴他终生。感慨之余，他写下了"咄嗟兴废悲三叹，倏忽荣枯梦一惊"的感伤诗句。郁郁不得志的心情也有表现："致君泽民本不难，言轻无用愧偷安。十年潦倒功何在？三迳荒凉盟已寒。"恰是在这个时候，他接受了拖雷的命令，作为朝廷的钦差大臣前往燕京。

耶律楚材离开自己的故乡已有多年，心中充满了思念之情。西域也有着属于自己的繁华，但恐怕绮丽的风光和丰富的物产，也难以消弭他在内心深处对故乡和亲人的热切思念。特别是双鬓斑白的老母，让他一直放心不下；倚门期盼他归来的妻子已是望眼欲穿；而临别之际那个还不会走路的孩子这个时候又会有多高了呢？

他受蒙古宫廷委派到燕京"搜索经籍"，经过今天的内蒙古、山西、河北境内。途中他曾凭吊西汉王昭君的青冢墓地，与沿途来拜访他的人以诗歌相赠答。盘桓数月之后，耶律楚材终于在当年冬天到达了目的地——燕京。此时归来，与数年前的身份已大不相同，耶律楚材已是显赫的汗廷使者，故在当地引起了不小的震动。相别多年的老朋友在此重聚，激动异常。

随着成吉思汗的去世，蒙古的扩张暂时告一段落，燕京的治安问题终于进入了统治高层的视野，当时掌握政权的拖雷决心整治一番。耶律楚材正直而富于胆略，并且是燕京人，对当地情况非常熟悉，并有很高的威望，于是便成为整顿治安的最好人选。耶律楚材此行颇为凶险，因为对手是蛮横的武夫，同时也是镇守一方、手握实权的地头蛇，跟他们是没有什么仁义和道理可以讲的，但他没有丝毫的胆怯。耶律楚材在得知了燕京混乱的情况后，焦虑万分，甚至流下了悲痛的泪水。燕京是他自幼生长之地，心中可爱的故乡，怎容这帮强盗肆意妄为！他立即奏报拖雷，请求除非奉有朝廷玺书，禁止地方州郡擅自征发、随意刑杀。如必须要处以死刑的，必须上报中央，方可行刑，违令者犯有死罪。这项建言为拖雷采纳，于是这些贪暴肆虐的现象有所收敛。耶律楚材也没有盲目自信，他也认识到自己文官和契丹人的身份不足以震慑石抹咸得卜，便向拖雷请示，让开国功臣博尔忽的孙子塔察儿为中使，一同前往燕京。塔察儿曾担任过拖雷的怯薛歹（怯薛为"轮番宿卫"之意，怯薛歹指护卫人员），被成吉思汗誉为"最可信赖的人"，是汗廷的显贵人物。于是两人便以钦差大臣的身份往燕京查办案件。

他们二人都是大蒙古国比较有名的正直干练的人才，办事风格雷厉风行。他们率领的团队很快便抓捕了大部分盗贼，经过查验，这些果然都是石抹咸得卜的亲戚或者世家子弟。一时间，针对查办人员，拿钱财美色利诱者、用权势和武力恐吓者都冒了出来。

这样，当验明了盗贼身份之后，耶律楚材却和塔察儿产生了比较严重的分歧。耶律楚材考虑到百姓的安危和燕京的秩序，坚决主张对这些人进行严厉打击，该杀则杀，该罚则罚，绝不姑息。但是塔察儿在威逼和利诱下，却改变了一直以来正直的作风，竟然想请示朝廷，打算为这些恶魔开脱。塔察儿之所以会这么做，一是因为作为一方长官的石抹咸得卜对他低声下气，使他得到自尊心上的满足感，并且送给他金钱和美女，对他进行了腐化；另一方面源于他浓厚的贵族思想，在他的意识中，石抹咸得卜和他一样有着高贵的身份，而受到损害的只不过是一些最无力和最卑贱的草民。

这让耶律楚材感到有些意外，但是他却没有为石抹咸得卜的威逼利诱所动，而是坚决地反对塔察儿的主张，并晓以利害。他给出了一个重要的理由：当时燕京的周边形势很复杂，虽已经归入了蒙古军队的管辖之内，但是离燕京很近，且地势险要的信安地区却仍然掌握在金人的手中。他们一直虎视眈眈，试图以信安为基地收复燕京这一重镇。如果任凭暴徒横行，燕京秩序大乱，必定会民心尽失，而金朝对燕京进行反扑也并非没有可能。

塔察儿尽管想法多有局限，但还算是有头脑的，这种利害明显、得失攸关的形势他自然也是清楚的。就这样，他最终还是选择了支持耶律楚材严惩暴徒的决策，将十六名首恶处死，而其他犯罪者也受到了不同的惩罚。这样的手段，使得当时心存不轨的人彻底明白：作奸犯科是没有好下场的，以往逍遥法外的好日子是一去不复返了。于是，燕京的社会秩序得以基本安定下来。

除恶安民，是耶律楚材燕京之行的首要任务。不过除此之外，他还亲自参与了另外两个活动，就是祭孔和迎佛。

祭孔是自汉代以来历代中原王朝的传统。金人控制中国北方广大地区之后，文化和生活习惯都渐渐向汉人靠拢，于是便延续了祭孔的传统。燕京长期作为金朝的都城，专门设有宣圣庙来祭孔，分春秋两次进行。但是不幸的是，蒙金的战争让燕京的许多地方被毁，而宣圣庙也是其中一处，祭孔的典礼也被迫中断，这让许多儒家的士大夫感到伤心和忧愁。

在宣抚使王檝等当地儒士的努力下，蒙古地方官在原金朝的枢密院旧址重建了宣圣庙，并且试图恢复春秋祭孔的传统。1229 年的仲春，宣抚使王檝主持了宣圣庙释奠之礼，重建宣圣庙，恢复了每年春秋行释奠礼的传统。而耶律楚材刚好赶上这么一场热闹的庆典，并和他的好朋友一起为恢复传统儒学的地位而奔走。这是大蒙古国在中原地区首次举行传统的祭孔仪式，故意义重大。当时热闹的场面让儒生士子们看到了儒学复兴的希望。他们奔走相告，说："吾道有光矣！"

而同时，燕京的佛教也是比较发达的，蒙古统治者是崇佛的，大都崇尚藏传佛教，而当时信仰佛教的燕京民众也十分多。在祭孔的同一天，居然出现了奉迎释迦牟尼遗像行城的盛大仪式。

这些景象，自然让耶律楚材感到十分欣慰，因为在他的内心深处，时时还记得他的老师——万松老人的教诲：以佛治心，以儒治国。无论是佛教，还是儒学，都是他的信仰，尽管其分工有所不同。国家的兴起也好，政治秩序的重建也好，不是单凭武力能实现的。如果要建立一个稳固安宁的国家，文教和思想是最重要的部分。因此他赋诗一首，表达了自己的欣喜之情：

多士云奔奠上黉，释迦遗像亦行城。

旌幢错落休迷色，钟磬铿锵岂在声。

宣父素心施有政，能仁深意契无生。

儒流释子无相讽，礼乐因缘尽假名。

摩肩接踵的士人像云彩一样聚集，来参加对至圣先师孔子的祭祀。同时释迦牟尼的遗像也被众人抬着绕城游行。无论旌旗、经幢，还是祭祀用的钟磬，它们不仅仅展示了色和声，还象征了博大的佛学要义和儒家礼乐文明。孔子的夙愿在于施行有德之政，佛教的深意在于达到无生无灭的境界。儒家和佛教的信徒们不应互相嘲讽攻讦，礼乐和因缘只不过是儒家和佛教所假借的不同名称，而它们的实质都是为人生和治世所用。

通过这首诗，我们不难看出耶律楚材儒、佛融通的思想主张。他主张把孔子的学说施行到政治上，而把佛教的学说应用于个人的修养和修行中，并且告诫儒家和佛家的信徒不要互相攻击，礼乐和因缘不过是假借的名称，实质上是百虑一致、殊途同归的。

他回到燕京之后，别人自然对他的西行经历感到好奇，并总是喜欢向他问这问那。对于从未远足异域的大多数中原士人来说，西域仍是一个奇伟而瑰丽的神秘地域，他们迫切地想从耶律楚材那里得到更多的趣闻。耶律楚材开始还仔细回答，但时间一长，他也有些不耐烦了，于是便将自己在西域的见闻撰写成《西游录》这部书。书末的题记写于金正大五年清明日，序文写作日期署为"己丑年元日"，即第二年的正月初一。故此书大约写于 1228 年，1229 年刊行，耶律楚材自为之序。原刊本题有"燕京中书侍郎宅刊行"，可见这本是自家刊印的。

这也可以说是耶律楚材在西域的闲适生活的一个副产品。这部书主要分为两部分：前一部分详叙西域见闻，这是名副其实的"西游录"；出于对当时全真教势力的不满，后一部分则以问答的形式，对丘处机和全真教进行了严厉的抨击和斥责。这部书给后人留下了关于成吉思汗西征的记载，同时也留下了对沿途风光物产、人情风土的详细记载，是研究 13 世纪初蒙古史和中亚史不可多得的材料，也是中西交通史上著名的地理著作。自张骞通西域以来，历代都流传有西域历史地理的著作。但自 9 世纪之后，战乱频仍，群雄割据，中西交通受到阻滞，这类著作已显稀少，且很少有亲历者的记述。自 13 世纪，蒙古征服的时代到来，中西交通重现繁荣，东西旅行家的行记也多有涌现，耶律楚材的《西游录》便是其中的代表，价值不可低估。通过这部书，人们可以了解 13 世纪天山以北，葱岭以西楚河、锡尔河、阿姆河一带的许多情况。在《西游录》中，耶律楚材记述了塔剌思城、苦盏城、八普城、讹答剌城、博城、黑色印度城等地，这些中亚名城他大多亲身游历过。本来只是要介绍自己的西域见闻，却撰成了史料价值极高的《西游录》，真可谓是"无心插柳柳成荫"。

二、定册之功

成吉思汗给儿子们留下一份极大的遗产，这就是整个大蒙古国。成吉思汗死后，汗位继承便成为紧迫的问题。此时的蒙古还处在奴隶制后期的父系氏族时代，由于私有财产的出现而产生了子嗣继承的习俗，所流传的却是幼子具有受产权。一户蒙古家庭，长妻所生的幼子，蒙古语称为"斡惕赤斤"，意为"守炉灶之主"，即留守家业的人，而其他兄长在成年后都要到外面另自成家。

但随着与其他民族的接触和文明进化，蒙古也形成了在承袭部落首领时长子享有优先权，同时并不排除兄终弟及的惯例。长子具有继承政治权力的优先权，而嫡幼子具有继承产业（军队和经济）的优先权。

成吉思汗后宫众多，传说后妃有五百多人，而《元史》太祖后妃表共列后妃三十九人，其中正后五人。这是十分惊人的数量，所生子嗣更是众多。不过按照蒙古的习俗，只有正妻生的儿子才有继承大位的权力。

成吉思汗的正妻孛儿帖生有四子，即长子术赤，次子察合台，三子窝阔台及幼子拖雷。这四个儿子都俊逸非常，才能出众，在征战中多建功勋，是帝国的四根台柱，被称为"四曲律"（骏马之义）。当初，在成吉思汗西征开始前，人们看着他已经愈发苍老的身躯，都不由得担心蒙古的将来，不知道在他之后由谁来引导蒙古进一步走向强盛。但是谁又敢提这个犯忌的问题？一则臣下不能讨论君主去世一类的问题，二则一旦不慎，很容易得罪大汗的诸子。这时，还是成吉思汗最宠爱的皇后也遂大胆提出了这个问题："一旦大汗您大树般的身体突然倾倒，雀群般的百姓该交给谁掌管？您所生的四子中，您托付给谁？"而成吉思汗对此也毫不避忌，立即着手处理此事。而大蒙古国汗位继承中最富戏剧性的一幕也就此上演。

成吉思汗端坐在大帐里召见众可卜温、那颜，毕竟在这个时期，继承人是需要集体议定的。他说："西征在即，我年事已高，有一桩大事不能再拖，这就是在我百年之后，由谁来继承汗位。"

选择继承人其实是很多统治者都很头疼的问题，成吉思汗当然也不例外，他的四个嫡子——术赤、察合台、窝阔台和拖雷，都经历了蒙古逐渐走向统一和兴盛的历程。

成吉思汗首先问："术赤，你是我长子，说说自己的想法。"未等术赤开口，察合台先高声说道："父汗这么问他，是不是想把汗位传给他？他是篾儿乞种带来的，我们兄弟岂能由他管束？"

众人的目光顿时都转向察合台。术赤更是怒视着他，脸色涨红。成吉思汗也逼视着察合台，大叫一声："胡说！"察合台说："父汗难道忘了？当年我额吉（蒙语，称母亲）曾被篾儿乞人掠去，在回来的路上生的术赤。他……"

事情是这样的：成吉思汗刚成为蒙古乞颜部首领、与妻子孛儿帖结婚不久的一天，乞颜部在黎明时分遭篾儿乞人突袭，孛儿帖被篾儿乞人客赤烈都率众抢去。成吉思汗的母亲诃额伦原本是客赤烈都的妻子，被成吉思汗父亲也速该抢去为妻。客赤烈都一直对此耿耿于怀，在因竭力拥立新部落首领得到信任之后，便带人前来抢去了孛儿帖。不久，客赤烈都病故，孛儿帖又成为其弟弟的妻子。成吉思汗联合王汗、札木合，终于打败篾儿乞，又将孛儿帖抢回。然而，孛儿帖在回来的路上生下一个男孩儿，便是术赤。尽管成吉思汗承认术赤是自己的长子，别人却都不相信。

术赤再也忍不住，起来揪住察合台的衣领说："我从未听到父汗有对我另眼相待的话，你怎敢如此说？除了脾气暴躁之外，你有什么本领胜过我？我和你比赛远射、摔跤！我愿听父汗的圣裁！"

术赤、察合台相互揪住衣领，相持不下。大将博尔术拉住术赤，木华黎拉住察合台。成吉思汗依然坐在那里，默然无语。

这时，大臣阔阔搠思劝解道："察合台你为何如此急躁！你尚未出生之时，草原上战乱不休，人民不得安生。所以你贤明的母亲才不幸被掳。你如此说话，岂不是伤了你母亲的心。你父亲当初立国时，你母亲含辛茹苦将你们几个儿子养大。你们母后的心，如日之明、海之深。这等贤明，你怎么可以这样说呢？"

察合台无言以对。成吉思汗也说道："你怎么可以这样说术赤？术赤是我的长子，以后不可以说这种话。"

察合台说："即使他真是我阿合（蒙语，称兄长），以他的能力，领兵作战还行，要他治理我们达达国（蒙古国），那是绝对不可能的！我们愿一起为父汗效力。窝阔台敦厚，我愿推举他。"

其实察合台也明白了父汗的意思，因为自己跟术赤的矛盾，谁也不服谁，那么两个人显然都被排除在外了。于是成吉思汗又征询术赤的意见。而术赤也明白由于自己的身世问题，继承大位显然也是没有任何希望的，于是也对察合台举荐窝阔台表示了赞同。当成吉思汗询问幼子拖雷的时候，两个兄长已经表过态了，而且窝阔台一直还是比较得人心的，所以他也没有提出反对意见，只好表示："愿作应声的伴从者，做策马的长鞭"，拥护窝阔台作为成吉思汗的继承人。

于是窝阔台成为蒙古之主似乎成为铁板钉钉的事实了。但是问题并非这么简单，蒙古并未建立完善的汗位继承制度，新的大汗仍需由忽里台大会推举产生。而且，成吉思汗的一些做法给蒙古后来的汗位继承埋下了隐患。

拖雷没有获得继承汗位的资格，但是按照蒙古的习俗，他却继承了大多数的蒙古军队，可以说实力是十分雄厚的。这还不算，当大军西征之时，拖雷却留下镇守蒙古本土，享有监国的权力。当窝阔台回来见到拖雷的时候，他空有汗位继承人的身份，在拖雷绝对的实力和事实上担任监国的形势下，也只能够默然地待在自己的封地内。

成吉思汗去世了许久，拖雷依然继续行使着他的监国权力，没有人肯再提起窝阔台应当承继大统。明眼人都能看出，拖雷显然是留恋权力不肯离去的，要不然这么重要的事他怎会绝口不提？尽管窝阔台是大汗指定的汗位继承人，但是拖雷的兵力和手中的权势使得他拥有争夺的实力。汗位究竟鹿死谁手，实在是尚未可知。

拖雷也不想将这一矛盾公开化，同时他也明白，只要一天不选定大汗，那么他作为监国也就掌握着最高的权力。在这种微妙的情境中，几乎所有人都选择了忘记选定大汗这件事。大汗之位就这么一直空悬着。

直到 1229 年秋，距离成吉思汗去世一年半，商定确立大汗之位的忽里台大会才最终在怯绿连河畔的曲雕阿兰之地召开。这块地方也正是黄金家族心中的祖宗根本之地。

这是一次规模盛大的聚会。见证大汗之位产生的大会，当然能到的人都不会选择缺席。诸王和高等贵族都从自己的封地出发前来，而耶律楚材作为成吉思汗的亲密侍从，同时也是负有盛名的占卜者出席了这场大会。

众位贵族聚集在一起的机会没有那么多，特别是蒙古的地盘扩张之后，每个人的封地相距遥远，若非打仗就很少聚集在一处。而战争中气氛极其紧张，军法严明，又怎能寻得轻松、安闲和欢乐呢？

而这次大会给他们提供了一个很好的狂欢机会，"今古兴亡都莫论，穹庐高卧醉腾腾"。于是所有的贵族都参与到了喝马奶酒、跳舞摔跤、驰马比箭的狂欢之中。在这少有的狂欢之中，也不是所有的人都能尽兴，因为很多人都明白，狂欢之后就要进入正题了。有些人为让自己顺理成章地登上汗位殚精竭虑，有些人为选择站在哪一方而再三权衡，还有些人则为蒙古的长远发展而筹谋算策。

狂欢了三天三夜之后，大家开始了对新任大汗人选的商讨。尽管窝阔台有成吉思汗的遗命，但是按照蒙古的旧俗，窝阔台必须经过忽里台大会的认可，才能真正成为蒙古的大汗。在此之前，其他有封地的实力强大的诸王如果争取到大多数与会者的支持，还是有可能成为新任大汗的。

当时术赤已经去世，长子一系由富有谋略和胆识的术赤次子拔都继承。成吉思汗所存的诸子中，察合台最年长，窝阔台有成吉思汗的遗命，拖雷握有兵权和监国之位。从情理上来说，他们或多或少都有一定的优势，所以他们都对汗位抱有一定的期待。只不过最热门的是拖雷和窝阔台了。

当大会开始后，由于窝阔台具有名义上的合法性，所以还是有很多人选择支持他。但是，令人惊奇的是，他自己并没有选择激流勇进，顺着诸人的声势登上大位，反倒是一再谦让，不肯贸然接受。他说道："按照蒙古人的规矩和习俗，幼子是家中之长，代替父亲并掌管他的营盘和家室……我怎能在他（指拖雷）活着时就登上合罕之位呢？"显然这位蒙古王子并没有学会像汉人那样落入俗套：以让国凸显自己谦虚的美德。窝阔台内心十分清楚，众人推举出的大汗能否真正登上大宝之位，首先必须要经过尚未交出最高权力的拖雷同意，而此时拖雷尚未表明自己的态度，没有他的承认而擅登大宝，势必会造成蒙古的内部分裂。

成吉思汗诸子中，窝阔台与察合台两兄弟的关系甚笃，这从当年察合台率先提出窝阔台作为汗位继承人可见一斑。窝阔台也因此一直对察合台心存感激。而拖雷则和术赤一系的拔都一向走得更近。双方各自拉拢一批诸王亲贵，逐渐形成两派势力，为争夺汗位暗中较量。此时诸王贵族从各自的封地前来，都带有军队扈从，一旦在大会上闹僵，大打出手也是不无可能的，就像后来蒙哥汗死后，忽必烈和阿里不哥之间为争夺汗位而引发的那一场战争。

拖雷也是有所顾忌的，一是自己名不正言不顺，再则成吉思汗一直的教导使得他也不得不顾全大局。此时灭金大业尚未完成，如果汗位继承问题不能完满解决，先父成吉思汗刚刚一手建立起来的帝国很有可能废于一旦。

据传，成吉思汗在去世前给诸人讲过多头蛇和一头蛇的故事。大意是在寒冷的冬天，一条多头蛇冻得没有办法，只能往洞里钻，洞口太小，几个蛇头都想往里钻，结果被冻死了。而一头蛇则顺利钻入洞内，得以安然过冬。为此，他告诫说："如果我的儿子个个希望当汗，做统治者，而不愿从属于他人，那岂不是同多头蛇一样?"他希望自己的儿子们能够齐心协力,沿着同一个方向前进。成吉思汗讲故事的真伪无从考证,但是经历过蒙古帝国建立过程的成吉思汗之子们,多少还是明白这个道理的,尽管都有自己的打算,但还是觉得不能不顾全大局。

由于汗位的人选一直"议不能决",双方僵持日久。最终耶律楚材挺身而出,发挥了他至关重要的作用。他对决定汗位归属的核心人物拖雷说:"这是关系社稷安危的大事,若不尽早确定,恐怕会发生其他的变故。"耶律楚材心中明白,如果这个汗位不趁热打铁地定下来,两个集团暗地里的斗争长久持续下去,必定会造成国家政治生活的混乱。如果能够早日定下大汗,则可以避免混乱局面的出现,有利于国家的安定。

拖雷却建议继续商讨,反问耶律楚材道:"事情还没有安排妥当,难道不能再等等,另外选择吉祥的日子吗?"耶律楚材巧妙地利用他占卜者的身份,对众人表示:"我原来占卜的大汗即位日子是八月二十四日,如果错过了这个日子,就再也没有吉日了。"这时已经是八月二十二日了,而他以往灵验的占卜一直为众人信服,于是忽里台大会上的贵族都要求尽早确立大汗之位,必须立刻定下来。拖雷无奈,这才表示了对窝阔台即位的认同。

于是在1229年秋天,于成吉思汗的大斡耳朵——怯绿连河上游曲雕阿兰之地,察合台、拖雷和斡赤斤分别护持着窝阔台的右手、左手和腰部,把他扶上了大汗的宝座。自此,这场经历了四十一天的漫长艰难的大会终于结束,新的大汗得以顺利登位。窝阔台汗,蒙古人多称之为合罕皇帝,汉文史书则习惯以庙号太宗来称呼他。窝阔台地位的确立，与耶律楚材最后时刻的推动有着直接的关系。汉人把这种功劳叫作定册之功，巧合的是耶律楚材的父亲在金国也曾建立过定册之功。

据说，耶律楚材在窝阔台汗的登基典礼上，还参与了制定礼仪的工作。礼仪作为对人的外在规范，是国家管理中不可缺少的。如果对大汗没有足够的尊崇，权力就无法统一；如果在朝堂上没有礼仪规范，便和吵闹哄哄的集市毫无二致，君臣无法共商大事；如果下级侮慢上级，那么上命便无法下达，行政就难以维持。关注国家治理的儒家一直强调礼仪，而中国古代很多王朝都注重礼仪的制定，汉代由叔孙通负责朝仪的制定，隋唐以后的正史都有专门的《礼仪志》。

耶律楚材深明礼仪的作用，他的理想也正是用儒家的理念治理国家，但当时依靠游牧兴起的蒙古很少讲什么礼仪，即使是君臣之间的礼节也很粗陋。面对这种情况，耶律楚材认为礼仪制度的建立，必须从大汗登基典礼开始。于是他决心以中原王朝传统的朝仪来改造蒙古的习俗。汉人为体现君主的崇高地位，臣下拜见君主要行跪拜礼，这在蒙古是难以想象的，要改造肯定要花费很大的力气。耶律楚材想到了一个好办法，只要有影响力的人先行一步，那么上行下效，便会成为一种风气了。

耶律楚材参与了窝阔台继承汗位的"宗社大计"，依照中原王朝的传统制定册立仪礼，要求皇族尊长就班列拜。他找到了窝阔台的兄长察合台，对他晓之以理，动之以情，说道："大王虽是兄长，但在位次上来说，则是臣子。只要大王下拜，那么就没有人敢不拜了。"察合台居然答应了。等到窝阔台汗即位时，察合台率领皇族成员和众位臣僚一同拜倒在帐下。大家一看察合台都这样做了，没有敢不遵从的。大蒙古国的参拜礼就是从这时开始的。

那么耶律楚材究竟对察合台进行了怎样的劝说呢？这也是不难想见的：一方面表示窝阔台的登基十分不容易，权威还没有树立起来，跪拜这种礼仪很明显具有树立权威的作用；另一方面，察合台一直是窝阔台的支持者，如果由他来首先倡导，必定会得到好的效果，同时窝阔台也必定会更加感激察合台。这样的做法对两人都有利，察合台又何乐而不为呢？于是，察合台欣然同意，窝阔台的权威便树立了起来。对此，窝阔台是非常满意的。据说，在退朝之后，察合台抚摸着耶律楚材的背，十分亲近地说："你真是社稷之臣啊。"

按照蒙古旧制，新君确立，各地长官都必须派人朝贺，并带上足够丰富的贡品。蒙古建立政权后，进行了急速的扩张，东到海洋，西到中东的广大地域都被纳入了版图。路途遥远，于是便有许多的属国未能按时前来。如果按照旧制处理，许多人要被斩首，因为朝贺来迟是对主人极其不敬的。

窝阔台急需确立权威，如果光从这个角度考虑的话，杀人立威确实是一个不错的选择。但是仔细一想又并非如此。一上台就杀掉属国的一大批人，会造成属国的离心，会增添更多动荡的因素，这地位估计要更加不稳固了。

耶律楚材在这种情况下就向窝阔台进言，主张赦免这些人，不要因为杀人而破坏登基大典的喜庆。他说："陛下新登宝位，愿无污白道子。"蒙古人尚白，以白色为吉祥，故这番言语是很有力量的。之所以这样做，他还有更多的考虑。佛家讲上天有好生之德，而儒家也明白"以力服人，终口服而心不服"。从隋唐以来，历代君主每逢即位，都有大赦的活动，原宥那些在自己即位之前犯罪的人，用既往不咎来表现自己作为一个君主的仁慈，同时也不忘警示他们如果再犯也会受到严惩，这几乎成了一种制度化的习俗。耶律楚材实际上是要蒙古政权同中原政权一样，实行赦宥制度。

但当耶律楚材在朝堂上提出这个建议时，几乎所有的人都在嘲笑他的迂腐。好在窝阔台有他作为君主的高明之处，他觉得耶律楚材说得有理，便采纳了这一建议。

如果说跪拜的礼节体现的是权威，那么大赦体现的则是慈恩，两者放在一起，可以算得上是恩威并施了，这正是国家统治者必须具备的手段。在新即位的大汗面前，耶律楚材漂亮地露了两手，可谓是初露锋芒。

三、初立制度

在整个成吉思汗时代，耶律楚材实际上主要是以一个占卜者的身份出现的，自称"俘臣""冷官""天涯沦落客"。空怀有治国经邦的大略和万丈豪情，却无法施展。"学术忠义两无用，道之将丧予忧惶；有意攀龙不得上，徒劳牙角拔犀象"正反映了这种落寞的心情。有人笑他"劳而无功"，但他"忘忧乐道志不二，守穷待变变则通"，依然矢志不移。他的心志在诗中表露无遗："泽民致主本予志，素愿未酬予恐惶。渐惊白发宁辞老，未济苍生曷敢归。未行礼乐常如歉，欲挂衣冠似不情。故园日夜归心切，未济斯民不敢行。苍生未济归何益，以见吾山一度羞。""功名必要光千古，富贵何须归故乡。"他认定在这社会大变动的时代，贤人辅佐帝王用世的机会终会到来："勉力龙庭上万言，男儿志不忘沟壑。"他回到燕京之后，有人问他："古时有人登泰山观沧海而自大其志，也有懦夫涉险罹难而自沮其志，你护驾西行数万里，沿途经历无数困苦，有没有自大或者自沮呢？"耶律楚材回答说："大丈夫立下坚定的志向，就像山岳一样不可动摇，怎么能够随便改变呢？"这番话充分体现了他不屈不挠，坚持理想的精神。

窝阔台的即位，给耶律楚材带来了新的希望。窝阔台继承了一份极大的遗产，就是整个大蒙古国。它已经发展成为一个疆域辽阔、民族众多、社会形态多样的大帝国。如何统治被征服的文明地区，就成为成吉思汗的继承者面对的一个重大问题。蒙古政权建立初期，制度还是非常简陋的，只是以万户统帅军旅，以札鲁忽赤（断事官）主管政务和刑狱，这自然不能适应形势发展的需要。窝阔台确实需要耶律楚材这样熟悉汉地统治方式的人才、治国能手来辅佐自己。相传成吉思汗曾经对窝阔台说："长髯人是上天赐给我们的，你以后要把治国大事委托给他。"窝阔台谨遵教诲，开始重用耶律楚材。自窝阔台即位之后，大蒙古国的战略重心调整，耶律楚材得到了施展才能的机会，日益得到重用，"明主初登基，愚臣敢进狂……举我陪三省，求贤守四方。"已与从前自叹"沦落""潦倒"的耶律楚材判若两人。

当时，黄河以北地区刚刚平定。百姓常常"误触禁网"，即因为疏忽或无知而犯罪，由于蒙古旧制没有赦免罪行的规定，这些实际上无辜的人们也要受罚甚至被处死。耶律楚材建议，对这类人要宽宥。大家都说他是迂夫子，但楚材坚持自己的意见，从容向窝阔台陈说，终于使窝阔台下诏宣布，庚寅年（1230）正月朔日以前的事，不加以治罪。大蒙古国初期，社会秩序混乱，盗贼横行，本着保护商贾的原则，蒙古汗廷规定，凡是商贾失盗的地方，过了一定的期限，损失由当地民户代偿。民户无法赔偿，只好纷纷逃亡。耶律楚材规定，凡失盗不获的，由官府出钱代偿；原来由民户赔偿的，也一律作罢。

窝阔台即位后，耶律楚材利用自己受大汗亲信的特殊地位，向大汗提出了十八条建议，即条陈十八事。简单地总结起来，内容包括：州郡应该设立长吏来管理人民，而用万户来统领地方的军队，这样军政分开，双方互相牵制，便可防止一方独大造成的骄横跋扈。中原地区是赋税的主要来源地，关系财政大计，所以应该保证让当地的人得到休养生息，州县的官吏只有接受大汗的命令才能征税，否则任由地方乱征税会造成民力衰竭，而国家税收不足。凡是擅自征发科差的官吏要治罪。除中原地区外，蒙古人、河西人、回鹘人，凡是种地的都要纳税，如果不纳税就处死。保管官物监守自盗的要处死，而私自借贷官物的也要加以严惩。因犯罪而被处死的，必须申奏，通过核准才能行刑。贡献礼物，危害巨大，必须严行禁止。

不难看出，这些措施主要是针对豪强跋扈、地方势力膨胀的现象而发的。当时的地方官员兼有将领的身份，行政权和军权合在一起，他们私自征税，保管官物中饱私囊，擅自给人加上罪名处死……此前，燕京的经历给耶律楚材留下了深刻的印象：蒙古的战士是全天下最勇猛的，他们攻占土地是全天下速度最快的。但是在治理他们所获得的土地上，这些蒙古人似乎头脑简单了一些，他们似乎想用鞭子来治理人民，想把大块的国土划分成一小块一小块的，完全变成领地，由贵族个人管理。耶律楚材努力改变这种状况，力图限制他们的权力，将国家纳入正常的统治轨道。窝阔台也意识到了地方势力膨胀所带来的种种恶果，所以楚材的这些提议大都被通过了。

但是他的建议中，却有一条没有被采纳，为此他们君臣之间还起了争执，这就是他著名的"停贡献"的建议。

自蒙古进入汉地以来，便盛行"撒花"（蒙语，礼物），即是以"贡献"的名义，在民间搜刮财物，常常就是赤裸裸的强行索要。耶律楚材向窝阔台进献的这条建议，一方面是基于这种现象，另外还有就是地方上常借"贡献"的名义向百姓敛财，达到自己的非法目的，搜刮所得大多数进入私人腰包，少数被拿来换成奇珍异物讨好大汗。而且贡献之后，大汗常常以高出原来价值几倍，乃至几十倍的财物进行赏赐，从而耗费了大量国家资财。在以慷慨而著称的窝阔台汗时期，这种现象尤为突出。这样的事情，于君于民，都是十分不利的。因此，耶律楚材的建议是有远见卓识、切中时弊的，他当然要想方设法让窝阔台意识到这一点。

但是窝阔台却拒绝采纳，他认为贡献是臣下对君主的一种义务，这是基于蒙古族浓厚的原始习俗的。而面对耶律楚材强有力的说理，他也没有什么好反驳的，只能说："如果是自愿贡献的，那就随他去。"殊不知这是在强词夺理，臣民的贡献，是出于爱戴的自愿，还是出于讨好和贿赂的自愿，这又怎能区分开呢？耶律楚材仍然做最后的争取，进一步指出："蠹害的开端，必定由此而来。"但窝阔台已经不耐烦了，竟然说出了这样的话："凡是爱卿上奏的，朕无有不准，难道爱卿就不能听从朕一件事吗?"

最后，耶律楚材也知道"停贡献"一事，已经触及了以窝阔台为代表的蒙古统治者的心理底线，从习俗和心理上都是窝阔台难以接受的。他也深谙万事难以尽善尽美的道理，于是便没有纠结在这件事情上了。毕竟窝阔台还是采纳了他大多数建议的。这段时期，君臣之间的关系十分融洽。耶律楚材也朝着自己的政治理想迈进："仁政发从天北畔，捷音来自海西边。从今率土沾王化，礼乐车书共一家。"

四、扈从伐金，保全生灵

太宗二年（1230）秋，窝阔台率领大军南下，继承成吉思汗未竟的事业，继续进攻金国。作为大汗的亲随，耶律楚材一直在军中扈从。战事进行得十分顺利，蒙古大军攻无不取，战无不胜，很快攻下了许多地区。对于蒙古军取得的胜利，耶律楚材也写诗予以赞颂，在有的诗篇中展现了这种胜利的豪情："三秦繁盛如席卷，两晋风流扫地空。翠华南渡济苍生，垂老将观德化成。昨夜行宫传好语，秦川草木也欣荣。"

1231 年，按照成吉思汗的攻金部署，蒙古大军兵分三路，窝阔台自领中路，经略河东地区。不久，陕西地区也尽陷于蒙古人之手。1232 年正月，窝阔台汗亲率大军渡过黄河。"盟津既渡诸侯喜，亲见王舟跃白鱼。"在行军途中，有不少金朝臣民到营中看望耶律楚材，一些人还向他大献殷勤。这让他感到非常喜悦：

吾皇巡狩用三驱，万骑千官奉帝车。

北阙春颁劝农诏，南陲夜奏报捷书。

士民安堵耕盈野，老幼迎郊浆满壶。

伫看要荒归一统，天兵不日破东都。

诗句中着力强调了蒙古大军屡战屡胜、捷报频传的一面，但对于人们箪食壶浆，热烈欢迎蒙古军队，在战争期间依然安定生活的描写显然是不真实的。事实上，许多人民饱受战乱之苦，甚至转徙流亡，死于路途之中，情状极其悲惨。不过从诗句中也可看出，耶律楚材对于腐朽的金王朝已无任何留恋之情，故国之思已荡然无存。他甚至热切盼望能够早日灭掉金朝，完成统一大业。

而拖雷率领的右路军，则取道南宋，转战千里，实行"斡腹"之谋。所谓"斡腹"，即侧面迂回包抄，攻击敌人防御薄弱的地方。当蒙古骑兵突然出现在金国的后方时，其将领猝不及防。1232 年，在三峰山之战中，拖雷积极主动地调动敌人，使金军疲于奔命，僵立于风雪之中，战斗力大为削弱，最终拖雷以少胜多，大败金军。金国由完颜合达、移剌蒲阿统帅的二十余万精锐部队几乎全部被消灭，至此，金的灭亡已是大势所趋，无可挽回了。窝阔台与拖雷率大军北还，只留下猛将速不台继续攻打汴京。耶律楚材随窝阔台北返。1233 年四月，汴京被攻破。金哀宗率残部出逃到蔡州，苟延残喘。1234 年，蒙宋联合会攻蔡州，城破，金哀宗自杀，金朝灭亡。

耶律楚材本人厌战，更反对战争中的屠杀。他期待天下早日息兵止戈，"四海干戈尚未平，不如归隐听歌声。情知文武都无用，罢读诗书不学兵。"深刻地反映了他的这种心愿。保全生灵，让无辜的百姓免受战争的伤害，是学佛习儒的耶律楚材的心愿。在成吉思汗时代，大肆屠杀民众，积尸数十万的惨状经常出现。但那时他还不受重用，无力阻止屠杀。而在伐金战争中，他尽可能地利用自己的特殊地位保全人民的生命。窝阔台南征之际，在渡过黄河之前曾下诏：陕、洛等州逃难的人凡是归顺的，可以免死。但很多臣僚反对，认为这些人情势危急就来归降，局势稍有和缓就又逃跑，反而壮大了敌人，因此不能宽宥。耶律楚材据理反驳，经他奏准，制作了数百面旗子，发给归顺的百姓，让他们持旗作为凭证，回归故乡，不计其数的百姓因此免遭屠戮。太宗五年（1233），金汴京守将投降。按照蒙古的军事传统，敌人凡是进行过抵抗的，哪怕只是城上射下一支箭，破城后都要屠城，皆杀无赦。汴京的守城将士进行了长期而顽强的抵抗，奋勇杀敌，使用了震天雷、飞火枪等火药武器，对攻城的蒙古军杀伤极大。蒙古军将士愤恨不已，要求屠城以为报复。于是，统军主帅速不台遣人向窝阔台奏报，认为士卒伤亡惨重，应当屠城。如果这项奏报被大汗采纳，那将是一场旷古未有的惨祸。汴京为北宋故都，一向繁华富庶，有着众多的人口，再加上逃难和流寓此地的人民，足有百万之众。人头滚滚，血流成河，惨绝人寰的一幕似乎就要上演。

耶律楚材闻听这个消息，大吃一惊。西征之际那血腥而残暴的一幕幕又浮现在眼前，而这是他生活多年的中原故土，绝不能让惨剧重演！楚材急驰而来，向窝阔台谏言："将士在疆场英勇作战多年，所争夺的就是土地和人民，如今得到土地而失去了人民，又有什么好处呢？"窝阔台听了，犹疑不定。耶律楚材趁热打铁，继续说道："大凡金朝的弓矢、甲杖、金玉等工匠，以及官民富贵之家，都聚集在这座城里，如果把他们都杀了，那我们就什么也得不到了，这场仗不就白打了吗?"窝阔台觉得耶律楚材说得很有道理，终于下了一道诏书，除金国皇族之外，城中百姓都予以赦免，于是汴京军民得以免除一场浩劫。在汴京避兵的一百四十七万户，因此得以保全。耶律楚材摸透了蒙古贵族的心理，使用他们最易于接受的方式进行沟通，最终达到了保全生灵的目的。楚材又奏准挑选儒、释、道、医士、卜者、工匠等各类人才，将他们分散到黄河以北的各地区，由官方给予赡养。这种不妄屠杀，保全人才的措施，在以后蒙古的征战中，如在对淮河、汉水流域城池的作战中被沿用，成为定制。

在攻金的过程中，或出于军事需要，或囿于蒙古旧俗，常有贵族将领提出一些有妨生产的建议。如在伐金前夕，中贵苫木思不花（即也可不花）曾奏请划拨一万民户充当采炼金银、栽种葡萄的人。这固然能满足贵族奢侈生活的需要，却增加了人民的负担。耶律楚材赶紧劝阻说："太祖皇帝有旨，中原百姓与本朝人没有差别，都要服兵役，出财赋，危急时刻得到任用。不如把河南地区残留的人民暂且宽待而不要诛杀，调遣来应付这类劳役，也可以充实中原地区的人口。"此建议得到窝阔台的批准。这是一举两得的做法，既减轻了西京、宣德等地人民的负担，又保护了金朝统治下河南地区人民的生命，还满足了统治者的需求，显示了楚材的政治智慧。

在汴梁城破期间，蒙古统治者强行把聚集在河南地区的大部分难民掳往黄河以北，因此事发生在壬辰年（1232），故史称"壬辰北渡"。这是可与"贞祐南迁"相比的一次巨大兵祸，很多辗转流徙的人民死掉，农业生产也遭到很大破坏。在河南地区被俘虏的百姓逃亡的现象很严重。为此，窝阔台颁发禁令，凡是让逃民居住或给予帮助的，诛杀其全家，乡社连坐。于是人们大多不敢收留逃民，逃民们往往死于路途之上。这项恐怖政策的消极作用很大。这时又是耶律楚材仗义执言，向大汗进言说："现在河南地区已经平定。这些人都是国家的子民，即便是逃，又能逃到何处去呢？何必因此连累众人的性命？"窝阔台因此取消了禁令。

金朝灭亡后，西部地区的秦、巩等州仍在总帅汪士显的率领下负隅顽抗。迁延两年之久，蒙古军也没有攻克这些地方。窝阔台感到焦虑。耶律楚材献计说："凡是与我们有仇恨而逃入金国的人，全都汇聚在此。他们之所以拼死力战，只是害怕一死。如果能许诺赦免他们的死罪，不出一个月，当地就可以平定了。"窝阔台依计而行。果然，诏命下达之后，巩昌等地望风而降。

除去灭金战争之外，由于在汗廷参预机务，耶律楚材也参与了同他国的外交事务，比如同高丽的交往。蒙古很早即与高丽（今朝鲜半岛）发生了联系。1218年，成吉思汗即派军进入高丽。之后十余年间，双方和战不断，战争非常频繁，外交往来也从未中断。因耶律楚材在汗廷奉命主管汉文文书，高丽也通行汉文文书，故在两国的外交活动中，耶律楚材多有参与。

高丽与中原王朝有着密切的交往，受汉文化影响很深。高丽太祖曾告诫子孙维护中国的礼仪制度："我们以前仰慕唐风，衣冠礼乐，都遵从中原的礼仪制度。"面对游牧民族，高丽王室怀有一种传统的优越感。高丽太祖称游牧民族是禽兽之国，风俗不同，言语也有差异，要子孙千万不要效仿。即使在蒙古兵威笼罩之下，高丽王室对蒙古仍显露鄙视之意，只是在蒙古巨大的军事威胁下，才不得不与蒙古汗廷打交道。在这里，高丽使臣遇到了谙熟汉文化的耶律楚材，自然会有一种文化身份上的认同感，并将他视为朋友。

太宗四年（1232），高丽使臣上将军赵叔昌、侍御史薛慎等奉表入朝。此时正值窝阔台汗从征金前线北返，主管汉文文书的耶律楚材热情接待了他们。高丽官员李奎报曾在壬辰年（1232）写信给耶律楚材，对耶律楚材热情接待本国的使臣表示感谢。他称赞耶律楚材的态度是"温然如春，扶护甚力"，帮助高丽使臣顺利完成了使命。李奎报是高丽的官员，进士登第，曾官居太尉、参知政事，工于诗文，有文集传世。在蒙古大兵压境的情况下，高丽很多与蒙古的文书都出自李奎报之手。故他这次给耶律楚材写了一封文辞优美的信，在表示谢意的同时联络感情，希望他在大汗面前多多美言，促进两国关系的发展。《湛然居士文集》卷七收录《和高丽使三首》，其中有："壮年吟啸巢由月，晚节吹嘘尧舜风。两鬓苍苍尘满眼，东人犹未识髯公。"应当就是与这些高丽使臣唱和而作的。"东人"是指高丽使臣，"髯公"自然是指耶律楚材了。可能这一班使臣回国之后，向高丽王室报告了蒙古宫廷和耶律楚材的情况，耶律楚材的大名开始为高丽方面知晓。

次年，即1233年，窝阔台汗下诏要高丽国王悔过来朝，并历数高丽的五项罪过，两国再起战端。1238年，高丽国王再次派遣将军金宝鼎、御史宋彦琦奉表入朝，而李奎报又奉命撰写了起居表，并再次给耶律楚材写了一封信。信中用语极重礼仪，充满尊敬之意。像上封书信一样，李奎报对耶律楚材极尽哀恳之情，希望他能够在窝阔台面前多多美言，使蒙古大军不要再进攻高丽。从信中内容来看，高丽王国除了带来进贡大汗的礼物外，还给耶律楚材备了一份厚礼。这说明在当时的历史形势下，高丽为了自身的生存和独立，对蒙古宫廷中汉文化程度很高的耶律楚材殷勤致意，多方表示好感，把他作为一个重要的争取对象。

五、治国理财，富国安民

蒙古统治者初入中原之时，仍然使用游牧民族的传统做法，任由将士抢掠子女金帛，对毁坏定居城市毫不吝惜，给当地的生产造成了严重破坏。当年成吉思汗无暇经理中原，蒙古留在中原各地的官吏私自聚敛财物，多成为"资至巨万"的豪富，可是国库里却一点积储也没有。面对这种情况，汗廷的紧迫任务是增加财政收入，以应付宫廷的开支和维持政府的正常运转。

近臣别迭等人混淆视听，忽略地方官吏的浮华，对窝阔台建议说："那些汉人对我们大蒙古国没有什么好处，我们可以把这些汉人清除掉，把中原空出来的地方变为牧场，让草木生长茂盛，进行畜牧，这样我们的国库就会充足起来。"

这实在是一个荒唐透顶的意见。真的这样做的话，对于中原地区的汉人来说无疑是一场大的打击，他们将会丢失生产资料，成为给贵族牧马的奴隶，生活生产习惯要被大大地改变，如果无法改变恐怕要受到死亡的威胁。这实际上反映了习惯于游牧生活的蒙古贵族对于中原先进生产方式的懵懂。对于如何治理富庶的汉地，他们一筹莫展，于是计划将草原地区的游牧方式简单地照搬到中原。在当时中原地区的农业已经十分发达的情况下，这无疑是倒转历史的车轮。

政治经验丰富的耶律楚材当然坚决反对，民生是他考虑的一个因素，另外他还有其他的考虑，这是他将自己的治国理想付诸实践的机会。他首先驳斥了别迭的谬论："以天下的广阔，四海的富有，求什么得不到呢？只是不去做罢了！怎么能说是无用呢？"接着献上了自己的计策："陛下马上就要南伐（当时金国尚未被灭，黄河以南地区尚为金国控制），要有充足的军需。倘若均定中原的地税、商税、酒、醋、盐、铁冶、山泽之利，每年可以得到银五十万两、绢八万匹、粟四十余万石。这些财物足够供给需用，怎么说没有用处呢？"

这番话逻辑严密，具有很强的说服力。假如耶律楚材一味强调仁政、德治、与民休息，虽然符合了儒家的治国理念，但肯定难以打动窝阔台。所以耶律楚材抓住窝阔台关心的财赋问题，极力强调收入的丰厚，可以供应军需和宫廷使用。果然，窝阔台听到收入竟会有这样大的数目，十分兴奋，表示："诚如爱卿所言，国家用度就十分充裕了。"他让楚材依据计划征收赋税，而没有听从别迭的怂恿。大蒙古国统治政策的一次重大转变就此开始。

太宗元年（1229），窝阔台汗正式颁布诏书，命耶律楚材主持河北汉地的赋调。由此，耶律楚材开始全面负责当时大蒙古国在华北地区的赋税征收工作。耶律楚材于是奏准设立了燕京、宣德、平阳、东平等十路征收课税所，通过建立一套完善的赋税征收机构，来实现自己的计划。这是借鉴金朝各路转运司的机构设立的，覆盖了当时蒙古政权在华北控制的大部分地区。课税所官员的人事大权，基本上都由耶律楚材掌握。如耶律楚材曾推荐太原人李懋为太原课税所长官，只是因为其坚决推辞，才没有出任；经真定课税所长官王晋推荐，耶律楚材还提拔马亨为知事。这十路的正副课税使，他都委派才能卓越、经验丰富的儒士担任，号称"极天下之选"。这在蒙古政权还是首次。其中陈时可、刘中、赵昉等人都是耶律楚材的故友，有长期的密切交往。这些人大都为前金官员，如陈时可为翰林学士，刘中为侍郎，多为宽厚长者。这十路课税所的辖区，基本上将蒙古人所控制的华北地区都囊括在内。为了让这些课税使掌握征收赋税的实权，耶律楚材同时奏准"长吏专理民事，

十路课税所官员表

路　名	课税所官员
燕京（今北京）	陈时可、赵昉
宣德（今河北宣化）	刘中、刘恒
西京（今山西大同）	周立和、王贞
太原（今山西太原）	吕振、刘子振
平阳（今山西临汾）	杨简、高廷英
真定（今河北正定）	王晋、贾从
东平（今山东东平）	张瑜、贾瑞
北京（今内蒙古宁城县大明城）	王德亨、侯显
平州（今河北卢龙）	夹谷永、程泰
济南（今山东济南）	田木西、李天翼

万户府总军政，课税所掌钱谷"。这些儒士出身的课税使，得以施展治国的本领，帮助耶律楚材实现征收赋税的计划。耶律楚材曾寄诗给这些课税所官员："好陪刘晏勤王事，早使钱如地上流。"以唐代的理财名臣刘晏勉励他们勤于政务，悉心理财，帮助自己打点好财赋，使国库充裕，解决国家的财政困难。

关于太宗二年耶律楚材规定的赋税征收办法，史籍上没有明确的记载。但据估计当时黄河以北汉民可征赋调的，至少接近四十万户。1230～1231 年度，平均每户征收银 1.25 两、绢 0.2 匹、粟 1 石。这样的赋税和原来蒙古无休止的科差相比，和汉人世侯的繁重征发相比，人民的负担无疑是大大减轻了，因而得到一班官吏和百姓的欢迎。当然，除这些赋税外，还会有临时的征税，大权在握的汉人世侯也免不了要进行搜刮，如差发、包银等普通的负担不会很轻，但毕竟要比原来好上不少。

中国是最早发行纸币的国家。早在北宋时期，随着商品经济的发展，在四川地区开始发行"交子"。太宗时期，大蒙古国已开始印制和使用交钞（纸币）。交钞携带方便，有利于商品的流通，但只是货币符号，本身并没有价值。如果发行管理不当，很容易引发通货膨胀。针对这个问题，耶律楚材建议："金朝的钞是与钱（铜钱）通行的。官府只愿印制交钞，而不愿回收，这就成了'老钞'。一万贯才能买一个饼，结果是民力困竭，国用匮乏。我们要以此为鉴。"仔细分析这段话，可以看出耶律楚材并不反对发行纸币，但持非常审慎的态度。他建议吸收金朝滥发交钞，引发通货膨胀的教训，交钞印制的总额不要超过万锭，得到了窝阔台的批准。这对稳定当时的经济金融秩序，有一定的作用。

太宗三年（1231）八月，窝阔台开始大举伐金。他在当年秋天来到伐金前线——云中（今山西大同）。检验耶律楚材理财成果的时候到了，诸路课税所都将征收到的财赋汇聚到此。耶律楚材这时候把赋税的簿册和收到的财物放到汗廷所在，陈现给大家。

看到堆积如山的钱谷金银和写满巨额收入的账簿，窝阔台当然十分高兴，同时也略带惊讶，笑着对耶律楚材说："爱卿在我身边勤恳服侍，从未离开，不料竟能收入这么多的钱谷，使国用如此充足。南国（指中原地区）还有很多像你这样的人才吗？"

耶律楚材回答说："南国的很多贤人都比我强，我没有太多的才能，只不过是留在了燕京，刚好被陛下用上了。"楚材的能干和谦逊使得窝阔台对他十分看重和喜爱。于是，窝阔台亲自拿大觞（一种盛酒器具）酌酒赐给楚材。大汗亲自赐酒，这对臣下是特别的荣宠。对于课税所的出色工作和丰厚的收益，耶律楚材自己也颇有自得之意，"见道谷绵充廪藏，喜闻流散集京城。"这两句诗表现了楚材的欣喜之情。

云中之行以事实证明耶律楚材的治国方案是可行的，更重大的意义是，窝阔台尝到了不进行战争和抢掠即可获得大量财赋的甜头，观念有所转变，对耶律楚材更加信任，开始赋予楚材更大的权力进行经济整顿工作。就在当月，立中书省，改侍从官名，拜耶律楚材为中书令，粘合重山为左丞相，镇海为右丞相。

按照中原官制，中书令是中书省的长官，相当于朝廷的宰辅，权力很大。这在文官中基本上算是位极人臣了。不过，当时的蒙古统治者并没有采行中原官制，耶律楚材的中书令与唐制的中书令全然不可同日而语。大权仍然掌握在札鲁忽赤手中。在蒙古人眼中，耶律楚材只是汗廷的一名必阇赤（书记官）而已。但在汉人看来，耶律楚材管理汉地政务，是他们的希望所在，故以中书令的官号称耶律楚材。而且这毕竟出于大汗的任命，耶律楚材也对朝廷正式授予官衔，给以正名欣喜不已，乐得以这样显贵的官号自娱。事实上，随着征服地区的扩大，无论是国内行政还是对外交涉，政务日益增多，文书往来也相应地频繁起来，蒙古统治者大多不通翰墨，掌管文书的必阇赤就成为不可缺少的人员了。行于回回地域（今新疆、中亚地区）的文书用畏兀字书写，由镇海主管；行于汉地的文书用汉字书写，由耶律楚材主管。与大汗关系密切的耶律楚材得以更多地参与机务，成为当时政坛上的活跃人物："圣主龙飞日月新，微才忝列股肱臣。"楚材以"悬相印""掌钧衡"的相臣自居。

理财成功后，窝阔台宣布从今往后，事无巨细，都要先报告给中书省，然后再进行讨论和决策。就在中书省建立后不久，发生了耶律秃花事件。耶律秃花与耶律阿海一样是较早投靠成吉思汗的契丹将领，建有很多军功。此时他驻军宣德，受虎符，称太傅，有着很大的权势。耶律秃花失陷了官粮万余石，这是个不小的罪过。为了逃脱惩罚，他在事发之后，倚仗勋贵的身份，没有经由中书省，而是直接密奏窝阔台，请求赦免。窝阔台于是质问："中书省是否知道此事？"耶律秃花说不知。窝阔台勃然大怒，刚刚颁布了奏事必经由中书的诏令，耶律秃花竟敢公然违背?！他取下鸣镝（一种弓箭），两次想要射杀耶律秃花，只是因为耶律秃花骁勇善战，依然要在战场上使用他，窝阔台才强压下怒火，饶了耶律秃花一命。窝阔台将秃花赶出，让他直接到中书省认罪，将失陷的官粮全部偿清。经此事之后，窝阔台再次下令："今后凡事都要先告知中书省，然后再奏报朝廷。"耶律秃花等权贵再也不敢心存侥幸，有意绕开中书省了。可见窝阔台非常重视中书省的作用，想方设法维护其权威，而担任中书令的耶律楚材自然也可以更多地参与机务，尤其是对蒙古在汉地事务的决策施加各种影响。他是大汗信任的近臣，通过主管汉字文书的便利条件，趁机将权力扩展到汉地其他事务上。"凡建官立法、任贤使能，与夫分郡邑、定课赋、通漕运、足国用，多出自楚材。"耶律楚材于是成为大蒙古国初期政坛上的重要人物。即使是中原汉地的实力派，包括汉人世侯，都通过主管文书的耶律楚材来同蒙古政权打交道，疏通关节。如割据益州的杨妙真打算辞去行省职务，便向耶律楚材去信，希望楚材能闻奏汗廷，予以批准。耶律楚材也径直给她回信，进行告诫。还有割据东平的汉人世侯严实，一度径直向蒙古宫廷闻报，并不告知中书省的耶律楚材。两人的关系一度非常紧张，吃到苦头的严实后来通过幕僚宋子贞从中斡旋，才使两人关系得以缓和。这些事实都表明了耶律楚材的特殊地位。

得到如此重用，耶律楚材当然是春风得意，内心振奋，试图有一番大作为。这在他赠友人李汉臣的诗中也有表现："但期酬子志，矧虑枕吾肱。千载圣人出，休嗟见有恒。"对圣明君主的赞颂和踌躇满志之情洋溢于字句之间。再如"明明圣主

就定下了"若取了天下呵，哥哥弟弟共享富贵"的原则，建立了把取得的土地和人口分封给诸王和勋臣的制度。于是，按照"各分地土、共享富贵"原则，窝阔台进行了民户的分配和赏赐。因为主要是在 1236 年（丙申年）进行的，故史称丙申分封。乙未括户所得的一百多万民户，约有七十余万户被分赐给诸王、贵族、功臣，而其余民户则作为蒙古皇家的共同财产，归大汗管辖。这次分封之初，窝阔台汗曾考虑采用裂土分民的办法，受封的贵族和勋臣可以在自己的封地上治理人民，征发赋税。但这样势必会形成众多大小不相统属的领地，这对大蒙古国加强在中原汉地的统治是不利的。耶律楚材看到了这种弊端，劝阻说："这样的裂土分民的弊端很大，很容易尾大不掉，不如多分给诸王、勋臣金帛，这样都是皇帝的赏赐，是恩自上出，足以体现朝廷对宗亲大臣的恩典。"窝阔台感到很为难，说："我已经准许分封了。君无戏言，岂能随意改变?"耶律楚材说："那么设置官吏，一定要出自朝廷的命令；除常定赋役外，不可使诸王等随意科敛。"窝阔台终于听从了，命令受封者只在分地设立达鲁花赤监临，而由朝廷派遣官吏统一征收赋税，按照一定的数额颁赐给他们；如果没有奉诏，不得擅自征发兵赋。这有利于限制受封领主的特权和加强中央集权。总体看来，这样的分封制度是蒙汉二元体制的一种结合，可谓是草原兀鲁思分封制度和中原传统的封君食邑制度的一种折中。相对于汉地的历史发展趋势来看，这是一种倒退，但不失为适合中原汉地实际的可行办法，是有一定进步意义的。值得一提的是，耶律楚材作为"勋臣"，在这次分封中也分得了自己的民户。根据史书记载，耶律楚材受封的户数，在壬子年（1192）

有大都等处八百七十户，到元朝中期，实际剩下四百四十九户，共计丝一百一十七斤。丙申年（1236）分封的勋臣，大致可以分为"大功臣投下"和"小功臣投下"。在"小功臣投下"之中，就分封的户数来讲，耶律楚材可谓名列前茅，甚至比他的同僚耶律秃花、镇海等人还要高出许多。耶律楚材在大蒙古国初年的地位，由此可见一斑。

在括户的基础上，耶律楚材主持编定了中原赋税的定额：每二户出丝一斤，以供国用，每五户出丝一斤，与所封之主；至于地税，上田每亩税三升，中田二升半，下田二升，水田五升；商税征三十分之一；盐每四十斤征一两。总体来说，这样的税额是比较轻的，有利于屡遭兵火的中原地区休养生息。当时有的大臣认为这样的税额太低，耶律楚材则说："将来必定有以厚利求进的，那么这样的税额已经算是重的了。"这样的轻徭薄赋，使人民负担减轻，生活得到改善，耶律楚材是颇感得意的，曾作诗道："轻徭常力足，薄赋不财伤。"如果遇到灾荒，耶律楚材还设法减免租税。当然，实际情况并不完全如此。由于逃亡的客户的赋税，仍要由留下的主户承担，因此实际上的税额比规定的重。当时天下民户逃亡的情况很严重，逃亡者达到十分之四五，而赋税的总数额并没有变化，天下因此困弊不已。耶律楚材奏请除去逃户三十五万，使民众稍稍得以安定，但人民的负担仍很沉重。而且杂泛差役的征派随意性很大，致使百姓逃亡仍很严重。后来的斡脱商人扑买课税，更是危害巨大。

在耶律楚材制定的税制中，很重要的一项是五户丝制。凡是分封给诸王、勋臣的百姓，每五户每年出丝一斤，向国家缴纳，由国家支给受封之家，作为汤沐之资。除此之外，诸王贵族不得向受封人户擅自征收。五户丝是蒙古本有的分封制度在中原地区的延伸，但毕竟也限制了游牧贵族在中原地区的社会经济特权。可以说，五户丝制是蒙古旧俗在汉地的妥协与调适。总体来说，耶律楚材制定的这一套赋税制度得到了承袭，成为元朝赋税制度的重要组成部分。

订立赋税制度后，农业生产获得了极大的发展，国家的财政收入也有很大改善，国库充盈。太宗十年（1238）秋，发生了旱灾和蝗灾。窝阔台汗问耶律楚材应对之策，耶律楚材建议暂缓征收当年的租税。太宗担忧地说："只是恐怕国家财用不足。"耶律楚材信心十足地说："现今仓库的储积可以供给十年。"窝阔台汗大喜，于是准奏。足见当时国家的经济状况还是非常好的。

八、保护人才，恢复文教

在朝代鼎革、战乱不休之际，多年积累起来的文化成就灰飞烟灭，兴修的学校、典籍在战火中也焚毁殆尽，"荡然无纪纲文章"，"典礼已随前代废，遗音犹怨后庭哀"。蒙古铁骑以征服战争为能事，忙于抢掠财物，他们需要的是什么样的人才呢？是技术人员，是手工业工人，他们能够制造精良的武器，改善军队的物质条件，直接服务于战争。"天与之才不与地，反令竖子成其功。"蒙古人文化程度较低，进入中原汉地后，尽管开始接受佛教等宗教，但仍然难以接受"义理艰深"的儒学。怪不得有些蒙古贵族直言，听到儒家的说教就昏昏欲睡。

儒学和佛教、道教相比，势力明显衰微，颇遭冷遇。善于舞文弄墨、通晓汉族封建统治的儒士和士大夫，在他们看来是没有什么用处的。因此，作为文化的承载者的儒士也受到了极大的打击。本来，在历代王朝中，比如金代和宋代，士人们作为社会精英，吟诗作赋，科举题名，进入仕途，过着优裕的生活。仕途顺利的话，他们可以在庙堂之上参与政事；仕途坎坷，也大可归隐于林泉之下。而这一切，随着蒙古大军的南征而彻底改变了。在战乱中，士大夫大量死亡、转徙、失业和被驱为奴。聚集在河南地区的人民为逃避战乱，北渡黄河。这次大规模的迁徙移民，史称"壬辰北渡"。许多儒士死在北渡漫长而艰苦的路途中。金末士大夫在金亡前后死亡的为数众多。以金1200 年经义进士为例，这一年登科者有三十三人，经此丧乱之后，仅剩两人了。另外，蒙古军进占之后，军将大肆掳掠人口，作为自己的私属驱口。面对文教沦丧的局面，耶律楚材痛心疾首地感叹道："君子云亡真我恨，斯文将丧是我忧。"

在传统的士大夫看来，这真是一个"天纲绝、地轴折、人理灭"的时代。在乱世之中，能够苟全性命已属万幸。很多儒士丧失了传统的优越地位，甚至连生计都成了问题。他们不得不操持杂役，从事沽酒卖肉的贫贱之业。"托身医隐君谋妙，委迹儒冠我计疏。"有些人还被掳掠为奴。如宣抚使王檝家，有推车子的几个人以金朝旧有的官号相称，称呼运使、侍郎。这都是金朝的高级官员，如今竟沦落到如此境地，无怪乎看到这种景象的南宋使臣物伤其类，感慨"最令人惨伤"。在儒学衰落的同时，文化教育事业包括学校、出版等也遭受了破坏。

面对这种情况，蒙古汗廷的一些官员积极救助儒士。耶律楚材自幼习儒，具有很高的汉文化修养，将保护文教视为己任。他身居中书令的高位，既有愿望，也有能力救助这些儒士。"试问中州士君子，谁人不出仲尼门？"因此在亡金前后，他做了大量珍视和保护士大夫的有益的工作。金南渡后，衣冠之族，包括绝大多数金朝的达官世宦、国学生员和在野名士多聚集在汴梁及其附近地区。1232 年，耶律楚材奉旨理索在京家眷，他的兄长耶律辨才便在此时北归。特别需要提及的是，癸巳年，即太宗五年（1233），金朝名士元好问在汴梁围城之中，于四月二十二日给耶律楚材写了一封长信，向他举荐中州名士五十四人，称这些人是"天民之秀""民之秀而有用于世者"，是世间有用的人才，希望耶律楚材凭借自己的力量，使他们免受侮辱，逃离被人奴役的境地。耶律楚材接到此信的感受如何，我们不得而知，但他确实与元好问在思想上息息相通。楚材悉心接受他的建议，并开展了实际行动，延揽亡金士大夫中的有用人才。他向窝阔台奏请，作书索取"翰林学士赵秉文、衍圣公孔元措等二十七家"，其中还包括名儒梁陟、王万庆、赵著、户部员外郎赵汝翼、著名琴师苗秀实及其子苗兰等诸多人才。这些人才，诚如元好问所说："衣冠礼乐，纪纲文章，尽在于是。"他们后来大多都为文化传承做出了贡献，如声望颇高的梁陟任燕京编修所长官。元初，文治大兴，这些被保护下来的人才发挥了重要作用。如王鹗、李治、高鸣、杨果、商挺、张德辉、徐世隆等人，还成了元初名臣。在辅助忽必烈采行汉法的过程中，他们有着不俗的表现。"贤臣圣主正时遭，建策龙庭莫惮劳""他时定下搜贤诏，先到河东汾水边"等诗句，都表现了耶律楚材为国举贤的心情。

蒙古大军攻下汴京后，耶律楚材劝阻了屠城，还亲自到城中办理各项善后事务，帮助了城中的士大夫。作为回应，城中的士大夫纷纷向耶律楚材上书献诗。如在城中躲避战乱的儒士郝鼎臣谒见耶律楚材，献上《谒耶律丞相》诗，其中有"寒枝欲发无根蒂，凭仗东风次第吹"的诗句。汴梁城中的儒士确实将希望寄托在耶律楚材身上，希望能拯救他们于兵荒马乱之中。耶律楚材也确实尽心尽力地保护他们，为其寻找出路。当时在汴京避兵的人有百万之众，耶律楚材奏请选出工匠、儒士、僧人、道士、医生等各类人才，让他们散居在黄河以北地区，由官府出资进行赡养，并订为条例。针对大量的儒士沦为奴隶的情况，为恢复他们的身份，发展汉人官僚的力量，耶律楚材上奏说："制作器物的人必定用良工，守成的人一定使用儒臣。儒臣的事业没有几十年的功夫，是不会成功的。"在耶律楚材的劝导下，窝阔台允准儒士做官。设立十路课税所时，任用的官员也多为儒士。"百司将布置，多士想登用"，这对于改善蒙古官吏的素质和改善汉人儒士的境遇肯定是有作用的。当然，在课税所的人选问题上也出现过一些波折。太原路课税所的副使犯下贪赃之罪。消息传来，窝阔台大为震怒，向耶律楚材抱怨说："爱卿说孔子之教可以施行，儒士都是品德良好的善人，为什么还出了这种贪赃枉法之徒呢？"耶律楚材从容应对道："君父教育臣子，难道是要陷他们于不义吗？但是不义的人还是会出现。三纲五常之教，凡是有国有家的全都遵从，正如天上有日月星辰一样。难道可以因为一个人的过失，使万世常行之道单单在我朝被废弃吗？"听了这番解释，窝阔台的怒气才平息下来。对于奔走于他门下的儒士，耶律楚材时

102

常加以奖掖提拔。由于在主政期间特别注意发掘人才，奖掖儒士，人们给予了耶律楚材很高的评价："国朝之用文臣，盖自公发之。"将他视为任用儒士的先驱。

自隋唐以来，历代王朝都重视儒士在治国中的重要作用，以科举考试作为选拔人才的基本制度。如金朝虽为少数民族王朝，但一开始就很重视科举考试。金太宗天会元年（1123），就实行科举考试，招纳儒士。在世宗、章宗之际，文教大盛，科举考试成为儒士步入仕途的主要途径。耶律楚材自身也正是这个时代的见证者。通过科举选拔，金朝也罗织了众多优秀的人才。但随着蒙古的入侵，战争的破坏，野蛮而骄傲的征服者崇尚武力征服，肆意破坏，科举废而不兴，儒士的地位一落千丈。战火渐渐平息之后，蒙古政权百废待兴，迫切需要有用的人才。但科举没有恢复，士人出仕的途径不畅通，所谓"名儒凋丧，文风不振"。对此，耶律楚材曾作诗喟叹道："野有遗贤犹未用，中书宁得不胡颜？"为从制度上解决儒士的任用问题，解脱儒士于困境，耶律楚材向朝廷建议对中原的儒生进行考试，获得允准。太宗九年（1237）八月二十五日，朝廷发布了试选儒士的诏书，命宣德州宣课使刘中随郡考试。考试在次年进行，因当年是戊戌年，故史称"戊戌选试"。儒士都可参加，即使是被俘为奴者也被允许参加考试。应试内容分为三科：经义、辞赋、策论。戊戌选试共录取四千零三十人，数量远远超过往代，因中选而免为奴隶者约有千人，占到了总录取数的四分之一。学者对这次考试的性质存在许多争议，但将其看作蒙元王朝实行的第一次科举，还是不太准确的：真正通过考试被授以议事官，步入仕途的儒士寥寥无几，大多数儒士的命运并没有实质性的改变。因此，对其作用我们不宜估计过高。但无论如何，士人从中获得了免为奴隶、免除徭役、编入户籍等权利，境遇较以前是大大改善了。更重要的是，这给当时的士人传递了一个积极的信号，具有一定的导向和示范作用，各地重新出现了读书习儒的风气，对于元代的科举，也有着重要影响。耶律楚材一手促成的戊戌选试，对于保护儒士和汉文化有着重大作用，泽被深远。另外，耶律楚材常以东汉的孔融自居，希望自己能够像孔融一样，虽然身逢乱世，也能够举贤任能，礼贤下士，振兴儒学。他多次在诗中表达了这种意愿。

在文教方面，耶律楚材也做出了很大贡献。首先是尊孔。面对当时佛寺、道观如雨后春笋般纷纷建立，而孔庙却无人问津的现象，耶律楚材觉得这需要有所改变："须仗我侪更修葺，休教风世丧斯文。"在耶律楚材看来，要恢复儒学的尊崇地位，首要的就是恢复被战火摧毁的孔庙。1229 年，他参加了燕京举行的宣圣庙祭祀典礼。不久他就写信给居官的士大夫，敦请他们营建、修葺孔庙。在他的倡导和奔走下，北方的很多地方，比如太原、邳州、云内等地都重修或恢复了孔庙。对此，耶律楚材在诗中表达了自己的欣喜之情："天产宣尼降季周，血食千祀德难酬……天皇有意用吾儒，四海钦风尽读书。可爱风流贤太守，天山创起仲尼居。"蒙古军围攻汴梁期间，耶律楚材专门奏请将金朝的衍圣公孔元措索要出城，安置在曲阜，专门奉祀孔庙。1233 年六月，朝廷下诏以孔子五十一世孙孔元措袭封衍圣公，蒙古政权承认了衍圣公的传统地位。这种对孔子后人的优待，是尊孔的文化信号。在耶律楚材的提议下，蒙古政府在 1233 年和 1236 年两次敕修曲阜孔庙。在编订户籍的时候，衍圣公府和孔庙的特权也得到了保护。根据孔元措的请求，燕京行省特地发下公文，免除孔氏子孙的各项租税和杂役。

另外，当时学校毁坏、经籍散失的情况很严重。太宗八年（1236），耶律楚材在燕京建立编修所，编辑经史，召梁陟为长官，以王万庆、赵著副之，这些人都是当时的文化名流；又于平阳（今山西临汾）设立经籍所，主持书籍的编辑和出版，对文教事业有所恢复。有的流亡儒士就被安置在经籍所中。一些重要的经典，如《尚书注疏》《毛诗注疏》和《道藏》，甚至耶律楚材自己的诗文集《湛然居士文集》，都在平阳经籍所刊印出版。平阳的印刷技术非常高，风格独特，人们将之誉称为"平水版"。燕京和平阳，本就是金朝的两大文化中心，具有良好的文化基础。燕京编修所和平阳经籍所的设立，有利于这两个地区文化出版事业的恢复与发展。耶律楚材本人也注意搜集和保全典籍，如他藏有耶律俨的《实录》，后成为纂修《辽史》依据的主要史料。

最后，他还注重儒家学说的传播。早在金亡前后，耶律楚材就召著名儒士梁陟、王万庆等人翻译九经，向东宫进讲；还为大臣子弟讲读诗书，解释义理，使他们知晓圣人之道。太宗十年（1238），杨惟中、姚枢在燕京建立太极书院，延请名士赵复为师教授学生。耶律楚材或许并未直接支持此举，但他营造的文化氛围确实有利于讲学的恢复和书院的兴起，可以说起了间接的推动作用。赵复号江汉先生，本为南宋人，因战争被俘到北方。被杨惟中请到燕京后，他献出程颐、程颢、朱熹等人的著作，对程朱理学作了全面的介绍。郝经、许衡、刘因等大师都在其影响下尊信理学。这对于程朱理学的北传和宋元理学的发展有着重要意义。

相应地，蒙古贵族接受儒学的程度也有进步。由上可见，耶律楚材为保护中原的典章文化作出了极大的努力，也取得了不错的成效。后来，孔元措在《孔氏祖庭广记》卷五《历代崇重》中特别提到几个"使儒教复兴"的人，耶律楚材的名字赫然列于首位。耶律楚材无愧为保护传统文化的功臣。

九、施展抱负，以儒治国

在成吉思汗时代，耶律楚材尽管受到赏识，但成吉思汗与中原封建社会没有发生较深的关系，耶律楚材"以儒治国"的本领根本派不上用场，他施展的主要是占卜一类的雕虫小技，行使汉法根本提不上议事日程，这自然不能使他满意。在受到窝阔台重用后，耶律楚材才在军政决策中发挥自己的作用。当时汗廷有人提出，以回鹘人征南宋，用汉人征西域。这实际上是蒙古惯用的利用异族力量征伐的办法。耶律楚材表示反对，他分析了其中的利弊："汉地、西域相距遥远，远道行军，到达敌境时人马就已疲敝，必然影响作战。况且水土不服，要发生病患。还是各从本土出征为上。"经过十几天的争论，耶律楚材的意见终于占了上风。从这件事中可见耶律楚材在政治上的重要作用。

耶律楚材的治国方案，按照《西游录》中所说，包括定制度，议礼乐，定宗庙，建宫室，创学校，设科举，拔隐逸，访遗老，举贤良，求方正，劝农桑，抑游堕，省刑罚，薄赋敛，尚名节，斥纵横，去冗员，黜酷吏，崇孝悌，赈困穷。这与窝阔台初即位时，耶律楚材提出的十八条建议是类似的。这项方案的基本原则都是儒家所倡导的，符合以儒治国的精神。作为一位深受儒家文化影响的政治家，耶律楚材深深感到，要恢复和发展生产，实现国家大治，就必须采用"以儒治国"的方案，要使蒙古贵族实行汉地先进的文化制度来治理汉地，以使烽火不断的乱世早日归于和平，并使当时先进的中原农业文明得以保存下来继续发展。因此，他以相臣自居，表现出扶持天下、致君尧舜的气概。当时的大汗窝阔台对耶律楚材是器重的，他的方案部分得到了实施。

凡是符合儒家治国原则的举措，耶律楚材都积极加以推动。在他的提议下，汗廷颁布了劝农的诏书，让中原各地要安于农业生产，充实国力，这有利民生。他支持郭时中利用泾水故道灌溉民田的建议，使当地收获大增。而对于违背这个原则的事情，他则尽力加以阻止。太宗八年（1236），侍臣脱欢奏请选室女入宫，窝阔台下诏令中书省施行，作为长官的耶律楚材不肯奉命。窝阔台大怒，将耶律楚材召来，严厉质问。耶律楚材从容答道："原来选的室女二十八人仍然留在燕京，足够后宫使用。如今脱欢请旨选室女，我恐怕会使人心惶惶，骚扰百姓，请大汗三思!"窝阔台觉得他说得有理，最终收回了原来的诏旨。有一次窝阔台想在汉地收缴牝马，耶律楚材也不同意，认为这会增加人民的负担。他上奏说："汉地所产的本是蚕丝五谷，本非产马之地。如果在汉地强行征取，恐怕会使民力耗竭，百姓困苦不堪。"终于使窝阔台打消了这个念头。

大蒙古国疆域辽阔，由于传递军事情报和信息的需要，驿传显得尤为重要。蒙古语称驿传为 jamuci，Jam 的汉文音译为

"蘸"或"站"。驿站一词，实际上就是如此沿袭而来。窝阔台在大蒙古国境内设置驿站，方便使臣往来。按照规定，相隔一定距离设置一个驿站，每个驿站由千户抽出站户、驿马和马夫。从大汗所在的哈剌和林（今蒙古国哈尔和林）都城，直到万里之遥的东欧河畔，都有驿道连接。这对加强帝国境内的统治和各地之间的联络交流，有着重要的意义，但是也有很多弊端。诸王贵戚往往私自起用驿马，而且使臣繁多，经常倒换马匹，经过驿站之时又尽情索要，对沿途的城郭道路骚扰很多，正常的乘驿秩序遭到破坏。经耶律楚材奏准，窝阔台颁下诏令，加强对乘驿的管理：发给诸王、贵戚牌札，以此为乘驿凭证；又制定"饮食分例"，不准相关人员超过规定索要物事。这为蒙元时代严密的驿站交通制度打下了初步的基础。

在楚材的治国方案渐渐得到实施的情况下，太宗九年（1237），耶律楚材再次上了一份重要的奏议，陈奏时务十策："一曰信赏罚，二曰正名分，三曰给俸禄，四曰封功臣，五曰考殿最（官吏考核），六曰定物力，七曰汰工匠，八曰务农桑，九曰定土贡，十曰置水运。"涉及当时政治经济的各个方面。他当时踌躇满志，意图进行更大范围的改革。但耶律楚材的治国方案遭到了蒙古贵族的反对和阻挠。窝阔台对其建议，并没有全部采纳。

太宗八年，大蒙古国国都哈剌和林的万安宫建成。这是矗立在蒙古高原上的一座汉式宫殿，巍峨壮丽，十分雄伟。窝阔台在这里大会诸王、群臣，举行盛大的宴会。在席间，窝阔台汗亲自执觞向耶律楚材赐酒，并动情地说道："我遵从先帝之命任用了你，对你推诚相待，没有你，也没有今日的天下。我现在能够高枕无忧，就是得力于你。爱卿请满饮此杯。"耶律楚材听完这番推心置腹的话语，心潮澎湃。这是何等的荣宠！这是何等的圣明君主！耶律楚材恭敬地接过酒杯，一饮而尽。而后，君臣二人看着彼此，哈哈大笑。至此，耶律楚材的治国功业达到了一个高峰。

十、与西域商贾的斗争及失势

"玩物丧志，玩人丧德"，这是召公奭对周武王的警醒，被记载在《尚书·旅獒》当中。意思是说玩弄奇珍异物会使人沉溺其中而丧失原有的心志，玩弄俳优之人会使人丢失本有的德行。宋代的欧阳修也说过："祸患常积于忽微，智勇多困于所溺"，是同样的意思。

灭金后的几年，经过耶律楚材的协助治理，大蒙古国的社会秩序稳定，出现了"四方无虞"的情况。于是，窝阔台开始怠于政事，耽于享乐。一个突出的表现是酗酒无度，常常喝得烂醉如泥。据志费尼（波斯历史学家，1226~1283）说，"他总是在不断酗酒和亲近妖娆美姬中打开欢乐的地毯和踏上纵欲的道路。"耶律楚材作为老臣多次劝谏，窝阔台都不听从。一次，耶律楚材指着酒槽的金属边口说道："这铁受到酒的侵蚀，尚且坏到这种地步。人的五脏能不受到酒的损害吗？"窝阔台知道耶律楚材是出于一片忠心，关心他的健康，于是高兴地予以赏赐，吩咐左右侍者每天只进酒三盅。但实际上，窝阔台难以改正，仍然酗酒。

其实楚材本人也十分喜爱美酒，在诗篇中多次提到美酒佳肴，还经常接受大汗的赐酒。一次楚材与诸王宴饮，不觉有了醉意，于是卧于车中。恰巧窝阔台汗来到行营，亲自登上车辆，用手摇晃他，想把他唤醒。耶律楚材睡意正酣，被人打搅了，恼怒不已，睁开眼睛，发现是大汗驾到，不禁大吃一惊，急忙起身谢罪。窝阔台笑道："爱卿独醉，难道不与朕同饮吗?"说罢离去。耶律楚材来不及系好冠带，就马上赶到行宫。窝阔台为他置好了美酒，君臣二人一同畅饮，直到尽兴方罢。楚材真正反对的是无节制地酗酒。

窝阔台还经常赏赐他人财物，耗费了国库大量资财。有关他泛滥赏赐的记载有很多。据说窝阔台登上王位，"仁爱和乐施之名传遍天下"，四处的商旅都赶往宫阙。运来的任何货物，不论好坏，窝阔台都会下令一律全价买下。商人们漫天要价，把"一"说成是"十"，贝壳都说成是珍珠。大臣们认为所给货物的价钱大大超过了它们的实际价值，而窝阔台则认为商人们"是在我们的保护下获得蝇头微利"，因此不必与他们计较。有一次，一个人去见他，求赏五百巴里失（一种货币单位，相当于一锭）做笔生意。窝阔台吩咐满足他的要求。宫廷的大臣们指出，这是个没有身份的家伙，他自己分文皆无，所欠的债务恰与他要求的赏赐数目相当。但窝阔台汗却叫他们加倍赏赐，使这个人可以拿一半去做资本，剩下的去还债。还有一次，窝阔台在猎场的时候，有人献给他两三个西瓜。他的扈从之中没人有可供施舍的财物，于是窝阔台决定，把他宠爱的妃子木格合敦耳边戴着的两颗珍珠赐给这个穷人。这两颗珍珠晶莹剔透，价值连城，木格合敦说："这种人根本不知道珠子的价值，这就好比把郁金香赏赐给一头驴一样。"但窝阔台说：

"他是个穷人。等不到明天，这些珠子仍会回到我们手中。"于是把珍珠赐给了那个穷人，那人满怀喜悦而去。

类似的故事数不胜数。挥金如土使窝阔台获得了慷慨大方的声誉。朝廷的大臣曾经反对过他的浪费行为，不过窝阔台认为："为了我们的英名，我们将我们的财宝贮藏在人们的心坎里，不给明天留下任何东西。"但是，耶律楚材苦心筹划，辛勤积累起来的财富却如同流水一般不见了踪迹。

在耶律楚材的事业蒸蒸日上之时，他也受到了严峻的挑战，他对中原的治理受到蒙古守旧派和斡脱势力的破坏，最终使他的改革事业功亏一篑。耶律楚材遇到的最大挑战，来自西域商人（主要是回回人）。在理财问题上，耶律楚材一贯主张舒缓民力，藏富于民，主张民富才能国强；回回人则迎合蒙古贵族急于聚敛财富的心理，不惜对中原地区的百姓进行敲骨吸髓的盘剥。两者的施政方针可谓针锋相对，冲突自不可免，而这也可视为元代汉人与色目官僚义利之争的先河。

早在成吉思汗兴起之时，来自西域的回回人（他们虽种族各异，但都信奉伊斯兰教）就与蒙古人有贸易往来，有的还投奔到成吉思汗麾下，建立了功勋。蒙古西征之后，越来越多的回回人归附，势力开始强大起来。回回是善于经商理财和聚敛财富的民族，故不懂得做生意的蒙古人经常把钱财交给回回人，让他们经商谋利。回回人的文化程度也很高，成为蒙古人加强统治的重要帮手。

当时人们把西域商人称为"斡脱"（突厥语 ortaq，意为伙伴），他们替蒙古贵族经商、放高利贷，有着很深的利害关系。西域商人放高利贷的活动很盛，1252 年，大蒙古国设立了专门机构，命大臣掌管斡脱事务，足见其重要地位。倚仗强大的政治后盾，一些斡脱商人比狐狸还狡猾，比豺狼还要残暴。"羊羔息"就是一种典型的盘剥方式。官民借贷的债银，一年以本加倍算利，一年以后连本加倍计算，即一变二，二变四，四变八，如同母羊生养羊羔一般，故称作"羊羔利"或"羊羔息"。这样的利息高得惊人，一两债银，十年之后可达到一千零二十四两。凡是借了这种高利贷的，结果往往都是倾家荡产，有的变卖家产、用妻子做抵押都不足以偿还。甚至一些州县官吏、汉人世侯借了斡脱钱，都陷入其中无法自拔。耶律楚材见到斡脱钱的巨大危害，决心予以限制。经他奏准，以官银代还了七万六千锭钱，并且规定自此之后，不管岁月远近，利息最多只能是债银的一倍，禁止另外增加。这项政策对斡脱高利贷剥削进行了限制，无疑有利于减轻人民的负担，也得到了广大人民乃至汉人世侯的支持。但事实是，斡脱商人的势力异常强大，这项命令并没有被严格执行。

在窝阔台汗统治后期兴起的扑买对耶律楚材制定的赋税制度破坏尤甚。所谓扑买，就是由某人先行支付高出某种税额的银两，以取得此种税的征收专利权，实际上就是包税。这样，扑买的人在征收时必然大量加征，以获取利益。后来扑买的名目越来越多，有回鹘人以银一百万两扑买天下盐课。燕京有个叫刘忽笃马的人，暗中结交权贵，以银五十万两扑买天下差发，还有人出钱扑买廊房地基、燕京酒课，甚至天下的桥梁渡口也列入了扑买的名单。耶律楚材意识到，如果不阻止这种大规模的扑买，会对百姓造成严重的损害，也会彻底破坏他制定的赋税制度。因此他大声疾呼："这些人欺下罔上，危害巨大！"他上奏主张停罢这些扑买，说："兴一利不若除一害，生一事不若减一事。"但是，窝阔台却认为扑买可以迅速增加汗廷收入，没有听取楚材建议。

起初，耶律楚材制定中原课税时，岁额是银五十万两。后来增加到一百一十万两。回鹘人奥都剌合蛮欲扑买天下课税，增定税额为二百二十万两。耶律楚材表示，就是定到二千二百万两，也能够征收到，不过是设立严格的法禁，暗中夺取人民的利益而已。但是人民贫穷了，盗贼众多，不是国家之福。但是见到税额可以增加一倍，朝廷的大臣和近侍都表示赞成，窝阔台也欲试行。楚材着急了，反复争辩，声色俱厉。窝阔台不满地说："你打算与人搏斗吗？"不让他争辩下去。太宗十二年（1240），窝阔台正式任命奥都剌合蛮为提领诸路课税所官。耶律楚材无力阻止，无奈地叹息道："靠扑买获利的风气既然可以流行，其他的坏事必然接踵而至。人民要穷困了！"果然，奥都剌合蛮额外科敛，尽力搜刮，人民的负担更加沉重了。

耶律楚材触动了蒙古权贵和西域商贾的利益，和他们产生了激烈而尖锐的矛盾。他们都将耶律楚材视为眼中钉、肉中刺，千方百计地排挤、陷害耶律楚材。众口悠悠，中伤不断。一次，宫廷侍从借机诬告耶律楚材"违制"，窝阔台一怒之下，竟下令把耶律楚材捆了起来，但很快就后悔了，又下令释放他。忽绑忽松，耶律楚材爆发了。他严正指出："我是国家宰辅，辅政大臣。陛下如果捆绑我，那一定是因为我有罪。而现在释放我，是因为我没有罪。怎么能如此轻易往复，如同儿戏呢？国家法度安在！如果国家真的有大事，又怎能处理呢？"又一次，有阿散迷阿失告发楚材私吞官银一千锭，窝阔台于是质问楚材。楚材从容答道："请陛下仔细想一想，是否下过用银的旨意。"窝阔台表示曾为修建宫殿用银一千锭。耶律楚材说："是啊，这些钱正是修建宫殿所用。"阿散迷阿失不得不承认自己是诬告。尽管这些诬陷没有得逞，但在保守势力的反对和攻击下，所谓"众口销金嫉居士"，耶律楚材的处境愈发艰难了。

1240 年，大蒙古国设燕京行尚书省，重新建立管理汉地的统治机构。刘敏被任命为长官，被汉人称为"大丞相"，这无疑会削夺耶律楚材管理汉地的权力。同年，杨惟中出任中书令。耶律楚材不再领中书省事。至此，耶律楚材在多方面失去了大汗的信任，职务也被剥夺，已不能真正主持朝政。尽管如此，面对各种荒唐的进言，他面色庄重地站于朝堂之上，一点也不屈服，充满了"以身殉天下"的气魄。每当陈述与国家利害相关的政事时，他言辞恳切，孜孜不已，连大汗都动容说："你是要为天下的百姓哭泣吗？"第二年，窝阔台命牙老瓦赤管理汉民公事，耶律楚材进一步被边缘化。此时的耶律楚材暗自凝思，也怀疑自己的微薄之力能否挽回这艰难的时势。他感到自己渐入老境，心情郁闷，欲回归故里，消闲于山水之间。

太宗十三年（1241）二月，窝阔台病重。脱烈哥那皇后紧急召见耶律楚材，询问救治办法。耶律楚材建言："现在朝廷用人不当，天下罪囚很多是冤枉的，所以有异常的天象出现。应当大赦天下。"并引用了春秋时宋景公荧惑退舍之事为佐证。脱烈哥那皇后于是催促下人马上去办，但是耶律楚材阻止了她。楚材郑重地表示，一定要君主下令，才能大赦。牝鸡司晨、皇后乱政的情况是要坚决避免的。于是，窝阔台稍稍苏醒之后，皇后即将耶律楚材的意见告诉了窝阔台，虚弱的大汗此时已不能说话，只能点头表示同意。或许是真的感动了上苍，大赦的诏书发出之后，大汗的病情竟真的有了好转。耶律楚材也感到十分欣慰。

到了冬天，窝阔台的身体已有所康复，如果安心静养，或许可以痊愈。这时，有蒙古贵族怂恿窝阔台出去游猎。狩猎活动在蒙古贵族生活中占有重要地位，特别是冬猎，规模宏大。他们对游狩大事极为看重。传说成吉思汗询问手下的将领人生最大的乐事是什么，他们回答说："男子最大的乐趣，莫过于骑乘健马，架名鹰，涉猎禽兽。"足见他们对游猎活动的喜爱。耶律楚材不善弓马，自嘲"自笑中书老居士，拥鼻微吟弓矢废"，但他也参加过蒙古的出猎活动，曾赋诗生动地描写围猎情景："天皇冬狩如行兵，白旄一麾长围成""长围布置如圆阵，万里云屯贯鱼进""壮士弯弓殪奇兽，更驱虎豹逐贪狼"。

但此时大汗身体尚未痊愈，仍需静养，不是适当的畋猎时机，故耶律楚材对此是反对的。为佐证自己的意见，他进行了一次星相推算，上奏说："不宜畋猎。"但大汗左右的人说，如果不骑马打猎，又有什么乐趣呢？于是窝阔台还是出猎了。只过了五天，大汗就驾崩了。据史书记载，就在大汗驾崩的前几天，奥都剌合蛮进献美酒，窝阔台畅饮，一直到了深夜方才停止。几天之后，窝阔台就在行殿之中死去。看着这位英明的君主奔向毁灭，耶律楚材尽管极力劝阻，却无济于事，内心充满着痛苦和无奈。

在耶律楚材的辅佐下，窝阔台在位期间，国家非常富庶，羊马成群，人民远程旅行也非常安全。史家称之为"治平之世"。

第 5 章

凄凉桑榆，抑郁而逝

一、大汗已逝

　　1241 年，大汗窝阔台（后被追谥为元太宗）驾崩，终年五十五岁。窝阔台在位十三年，御驾亲征灭掉金国，还派大军西征，建下了赫赫军功。他还在全国各地设立驿站，在草原上穿凿水井，做了许多有利于百姓福祉的事情。窝阔台具有卓越的政治才能，善于团结部属，维护政权内部的稳定。当初成吉思汗选定窝阔台作为自己的接班人，无疑是一个明智的选择。尽管窝阔台存在着不少缺点，比如嗜酒如命，喜爱美色，且常受西域商人的蛊惑，但总体看来，仍不失为一位有作为的君主。

　　窝阔台汗的病逝，对耶律楚材而言是一个沉重的打击。尽管窝阔台也时常对耶律楚材的建言怀有顾虑，没有全盘实施。但他在位期间，牢记成吉思汗的遗言，大力提拔重用耶律楚材。从窝阔台汗登基以来，耶律楚材就颇得信用。窝阔台将楚材视为自己的心腹谋臣，每遇大事必有所咨询，对楚材基本上是言听计从。也正是在窝阔台时代，耶律楚材才真正摆脱了成吉思汗时代术士、卜者的角色，成为举足轻重的辅政大臣，有广阔的舞台施展自己的才能。在君臣同心协力、共同努力之下，大蒙古的政治得到整顿，经济有所恢复和发展，文化也有复苏，开创了政治清明、经济发展的良好局面。"从今率土霑王化，礼乐车书共一天。"从某种意义上说，是耶律楚材成就了窝阔台的盖世功业，窝阔台则给了耶律楚材实现济世救民理想的条件。君臣二人有着良好的合作，彼此的关系是和谐而融洽的。而这一切，随着窝阔台的撒手人寰而一去不返。望着大汗的遗容，忆起昔日的往事，耶律楚材泪流满襟，胸中涌起的是无尽的悲痛。除去对大汗的哀思，耶律楚材更感到，没有大汗的庇护，自己恐怕难逃悲惨的命运。

二、皇后摄政，屹立朝堂

果然，天变了。按照蒙古旧俗，大汗死后由皇后摄政，召集诸王贵族召开忽里台大会，选举出新的大汗。窝阔台死时，拔都、贵由等蒙古诸王尚在西征的路途之中，未及返回蒙古本土。于是，窝阔台的六皇后脱烈哥那，在征得蒙古诸王同意的情况下临朝摄政，填补了权力的真空，史称乃马真后。直到新的大汗贵由继位，中间的几年，脱烈哥那是帝国实际的统治者。脱烈哥那皇后阴险狡诈，工于心计，"生来好用权势"，善于要弄各种政治手腕。她即位之后，对窝阔台时期的政策多改弦易辙。

窝阔台死后，脱烈哥那后问耶律楚材对于汗位继承有什么意见。耶律楚材明确表示："这不是外姓臣僚可以议论的事情。先帝的遗诏尚在，只要遵照遗诏办事，就一切都好。"窝阔台的遗诏是让皇孙失烈门（窝阔台第三子阔出之子）即位，但脱烈哥那则另有打算，想让长子贵由即位。耶律楚材虽言不议论皇位继承，实际上却使脱烈哥那碰了个钉子。这年五月，出现了奇特的天象，观测天文的耶律楚材上奏："当有惊扰之事，但很快就会安然无恙。"当时西征大军尚未返回，成吉思汗的幼弟斡赤斤萌发了野心，企图趁机夺取汗位，率大军直接开向汗廷。朝中大惊，脱烈哥那企图借此西迁汗廷以避兵锋。对此，耶律楚材坚决反对，表示："朝廷是天下的根本，一旦动摇，天下必然大乱。我观察天象，不会发生大的祸乱。"正如耶律楚材所言，斡赤斤很快对自己的冒失行为感到后悔，引军退回自己的封地去了，事件得以平息。这件事实际上反映了蒙古上层愿意或反对接近汉地文明的两种倾向，耶律楚材坚决维护了吸收汉地文明的成果。在这两件关乎社稷安危的大事上，耶律楚材都坚持原则，毫不退让，让脱烈哥那皇后未能如愿。耶律楚材处处与脱烈哥那相左，不免受到脱烈哥那的猜忌。

一朝天子一朝臣，脱烈哥那对先朝的大臣进行了清洗，提拔了一批自己的亲信。她宠信的巫师法蒂玛惑乱朝政，商人奥都剌合蛮肆行不法，国家被搞得乌烟瘴气。窝阔台从前任用的贤良大臣如镇海等，都被脱烈哥那忌恨、陷害，不得不逃到王子阔端处寻求庇护。在这种情况下，耶律楚材本就不能幸免。在经历了以上两件事后，脱烈哥那对他更是怀有深深的忌恨，将耶律楚材视作眼中钉，意图加以排斥。于是，在脱烈哥那皇后称制以后，耶律楚材在汗廷失去了决策影响力，被排除出权力核心，在朝中的彻底失势已是不可避免。

脱烈哥那皇后并无长远的战略眼光，看重的是财富，是实际的物质利益。因此，西域商贾扑买天下课税、羊羔息取利等大行其道，而这与耶律楚材的治国原则是背道而驰的。尽管已无力扭转大局，但耶律楚材仍然屹立于朝堂之上，不为所屈，尽可能地维护太宗朝的成果，抵御奸佞小人。凡是害政扰民之事，耶律楚材仍然坚决站出来阻止。此时奥都剌合蛮大权在握，他曾向楚材贿赂五万两银子，企图收买笼络耶律楚材，但被坚决拒绝。奥都剌合蛮还曾手持脱烈哥那所赐的空白玺书，要耶律楚材按自己的意旨填写。耶律楚材上奏说："天下乃是先帝的天下，典章号令由先帝颁布。就算皇后一定要这样做，我也不能尊奉这样的命令。"不久，脱烈哥那皇后下旨，凡奥都剌合蛮奏准之事，令史都要依样填写，如若不从，就断去他的手臂。这种行为是赤裸裸地破坏国家法度，当然遭到了耶律楚材的坚决反对。耶律楚材表示："军国大事，先帝都托付给老臣，与令史无关。事情若处置得合理，自然要遵行。倘若不合理，我死且不避，何况是断手呢?"他正色厉声说道："我是先朝老臣，历事两朝君主三十余年，并没有辜负国家的地方。我没有罪，皇后也不能杀我!"在慷慨激昂的背后，又透露出怎样深深的辛酸与无奈呢?! 当然，这样的以死抗争并不能挽回事态。脱烈哥那虽然心中恼恨，但鉴于耶律楚材德高望重，功勋卓著，也拿他无可奈何，最终没有对他加以惩治。但是不久，耶律楚材就遭到了罢免。

与主政的皇后关系如此紧张，耶律楚材的心情也十分沉重。年迈的耶律楚材已深感力不从心，他的意见全然不被采纳，以汉地制度强国富民的雄心壮志也无法实现。他做过一次又一次的抗争，但毫无成效，还因此遭到奸佞小人的中伤陷害，他的中书令被罢免。这时他的夫人苏氏也去世了。两人曾伉俪情深，夫唱妇随。爱妻的逝去，成为对他的一个沉重打击。儿子耶律铸在护送母亲的灵柩南下燕京后，曾多次寄信写诗安慰楚材。但不可避免的是，他的晚景愈发凄凉。在抑郁不得志的情况下，耶律楚材落寞地度过了他生命中的最后几年。晚年的耶律楚材更加笃信佛法，这或许是以儒家理念治国的壮志难酬之时的一种自我补偿。

三、病逝及墓葬

乃马真后三年（1244），心力交瘁的耶律楚材终于病倒了。到了五月，病势越发沉重，已进入人事不知的昏迷状态。五月十四日，这位中书令，一代大政治家、诗人溘然长逝，享年五十四岁。据说楚材病逝之时，突然有白云从帐中而出，一直升到霄汉之上，很长时间都不消失。噩耗传来，举国哀痛，百姓包括很多蒙古人都放声痛哭，如同失去了自己的亲人一般，蒙古国内好几个月听不到乐声。汉族士大夫更是感到震惊和悲痛，哀挽不已。耶律楚材在生前曾给他们提供诸多保护，给他们以出仕的路径。而现在，恩公已然不在人间，他们竞相流泪凭吊这位建有特殊功业的契丹政治家。很多文人写下了饱含真情的挽诗寄托自己的哀思，如："砥柱中流折，藏舟半夜移。世贤高允相，人叹叔孙仪""虎啸龙兴际，乘时自有人。风云开惨淡，天地入经纶"。

即使在死后，耶律楚材的政敌们仍然不肯放过他。他们乘机发难，诬告耶律楚材在任宰相期间大肆贪污，扬言："天下贡赋，半入其家。"意图给耶律楚材扣上贪污的罪名，让他身败名裂。对耶律楚材心怀忌恨的脱烈哥那皇后马上命近臣前去调查。结果令他们失望的是，在耶律楚材的府第只发现名贵的古琴数张，以及古今书画、文章数百卷，没有其他财物。这位大蒙古国宰辅的家中竟是清贫如此。诬告终于不攻自破。事实证明了耶律楚材的清廉自守。耶律楚材执政时，有人劝他广布枝叶，安插亲信，楚材明确表示："我绝不能废公法而徇私情。狡兔三窟之类的事情，我是不会做的。"他高尚的道德操守将流芳百世。

根据耶律楚材生前的愿望，他的家人要将他埋葬在故乡燕京玉泉东瓮山，但迟迟没有归葬。直到中统二年（1261）十月二十日，耶律楚材的遗骸才遵照他本人的遗愿，归葬于玉泉以东的瓮山，也就是北京西郊颐和园的万寿山。这时，距离他逝世已经十七年了。

瓮山是耶律楚材的故乡，他在此度过了幼年。瓮山风光秀丽，景色优美，"草树烟霞，风云月露"点缀其中，青霭相间，是著名的游览胜地。中有泉水喷出，甘甜清洌，是皇帝御用的。看来，耶律楚材对于自己墓地的选择，还是花费了一番心思的。耶律楚材次子耶律铸曾对父亲陵墓的形制和方位作过概括的描述。墓前有祠堂，里面供奉着耶律楚材的画像，墓前树立着耶律楚材夫妇的石像。大约在明代万历年间，耶律楚材的坟墓遭到破坏。据《万历野获编》记载，有人在北京西山外发掘了一处坟墓，打开棺椁，在里面见到一个硕大的头颅，比常人要大上几倍。人们开始不知道这是何人的墓地，后来挖掘到石碑，才知道是耶律楚材的。出于敬慕，人们将坟墓稍加修葺，但墓中的器物已散失殆尽。关于巨大头颅的描写，或许有所夸张。史书记载耶律楚材身材高大，或许相应的，他的头颅也比常人要大一些。又或许，头颅大与他家族特殊的体质有关。明代还有人记载了楚材墓前的石像，称耶律楚材夫妇二人端坐其中。耶律楚材塑像的胡须分为三绺，长髯直达到膝盖，恰与史书中记载的外貌特征相符。但也有记载认为耶律楚材墓的祠堂早已被破坏，石像也在明天启七年（1627）被砸碎。如根据《帝京景物略》的记载，耶律楚材墓前的祠堂已废，石像尚存。石碑、石马、石虎已经破败零落。到了天启七年夏天夜晚，有上百萤火虫在耶律楚材石像的头上聚集飞舞。当地人远远望见，惊诧不已，说："这是石人眼睛发光。"人们害怕有什么灾异，天明之后，争相前去将石像打碎。这个传说具有一定的灵异色彩，很难完全凭信。而据清人记载，一直到清初，墓前的石碑仍然存在。清乾隆十五年（1750）兴建清漪园，耶律楚材墓的原址被划入了园内。为了缅怀这位有历史贡献的古人，乾隆皇帝下令修复原来的祠墓，并树碑述其沿革。后修建颐和园时，耶律楚材的祠墓仍然得以保留，并成为园中的一处景观。中华人民共和国成立后，耶律楚材的祠墓又得到修缮，并被列为北京市文物保护单位，得到精心的保护。今天，我们仍然可以在颐和园内的昆明湖畔，万寿山麓，见到耶律楚材的祠堂。院内的东墙下，端立着一尊石像。南墙边有一御碑，上有乾隆皇帝亲书《耶律楚材墓诗及序》。飨堂三间，坐北向南，匾额上"元枢宰化"四个大字，也是乾隆皇帝亲书。祠中建有耶律楚材的彩塑坐像，神态安详。每天的游客络绎不绝，来凭吊这位历史伟人。1998年，在颐和园库房施工中，又发现了耶律楚材的儿子与其妻妾的合葬墓，出土了墓志和大量的随葬品。该墓葬的西北边与耶律楚材祠紧紧相邻。

前金进士赵衍撰写了耶律楚材的行状，楚材的好友李微撰写了墓志铭，可惜今已不存。1267年，耶律铸邀请耶律楚材的生前好友宋子贞为其撰写了神道碑，后被收入《元文类》，也就是我们今天见到的《中书令耶律公神道碑》。宋子贞为当时的著名儒士，文采斐然。同耶律楚材处于一个时代，际遇相似，志趣相投，有着深厚的友谊。因此，他在撰写神道碑时寄托了很深的感情，对耶律楚材的事迹忠实记录并予以赞颂，表现出很高的水平，成为神道碑中的典范之作。这是记述耶律楚材生平的正式文本，也是我们了解耶律楚材的重要资料。

最后附带说一下耶律楚材的籍贯问题。耶律楚材的儿子耶律铸曾明确地说："予家本辽上，后家医巫闾。"著名国学大师王国维据此考证耶律楚材的籍贯应当在离医巫闾山西面不远的义州弘政县，这是很有道理的。医巫闾山位于今辽宁省西部北宁市境内，在我国历史上非常有名，多见于文献记载，并成为历代王朝祭祀岳、镇、海、渎的重要场所之一。及至辽代，医巫闾山的地位更为重要。辽朝皇帝多次到这里进行狩猎、墓葬、祭山、祭祖等活动。这里埋葬着辽朝三代皇帝、十几位皇妃和二十几位大臣，其中包括耶律楚材的八世祖耶律倍。耶律倍生前酷爱这里的奇山秀水，曾在此建望海堂，死后归葬医巫闾山。在山的西面，为耶律倍行猎之地，辽在此建宜州，在金代，此地改名为义州。耶律楚材的两位兄长，即善才和辨才，即埋葬在义州弘政县的先茔之中。由上可见，医巫闾山与耶律楚材的先人之间存在着何等密切、割舍不断的关系，故耶律铸将此地认作自己父亲的籍贯所在。耶律楚材死后被追封为广宁王。而医巫闾山在辽代属显州，金代升为广宁路，元代改为广宁府路。可见耶律楚材的封号也与其籍贯存在着一定的联系。

四、爱子耶律铸

耶律楚材育有二子。楚材先娶梁氏，后殁于河南方城。梁氏生子耶律铉，即楚材长子。耶律铉早年随母亲梁氏南下，与耶律楚材分离长达二十余年，估计感情已很淡薄，一生默默无闻，事迹不显。次娶苏氏，据传是大文豪苏东坡之后，父亲苏弼曾在金朝任刺史。苏氏生子耶律铸，为耶律楚材次子。1221年，耶律铸生于西征途中。他长于漠北大帐，与蒙古宫廷渊源颇深，并得到脱烈哥那皇后的赐婚。耶律楚材对爱子寄予了很高的希望，曾写诗勉励道："经史宜勉旃，慎无耽博弈。深思识言行，每戒迷声色。德业时乾乾，自强当不息，幼岁侍皇储，且作春宫客。一旦冲青天，翱翔腾六翮。儒术勿疏废，祖道宜熏炙。"希望他学习儒家经典，成为国家栋梁之材。耶律铸自幼聪颖过人，擅长诗赋，还精于骑射，为人所称许。耶律楚材逝后，年仅二十三岁的耶律铸嗣领中书省事，上八十一章以进。宪宗蒙哥汗征蜀，他曾屡出奇计，建有功勋。忽必烈即位后，耶律铸赶往投奔，中统二年（1261）任中书省左丞相。同年，扈从忽必烈北征，击败阿里不哥。至元元年（1264），他奏定法令三十七章，官民以为便。他还参加了订立条格。他历任中书左丞相、平章政事等要职，是世祖朝的重臣。他数度被罢免，但又东山再起，在政坛上几起几落。这是当时政局所致。耶律铸继承父亲"以儒治国"的思想，倾向于推行汉法，因而常受到阿合马等理财派的打击。仕途不顺，他常醉酒赋诗以自娱。其中作《杂咏》诗一首："我虽不解事，知时莫如我；须为扇仁风，吹灭权门火。"曲折委婉地表达了自己的心迹。耶律铸是耶律楚材事业的继承者，但他的才能和当时的政治形势决定了他已不能同其父那样大展宏图了。至元二十年（1283），耶律铸被罢免，两年后病逝，享年六十五岁。平生著作多收入传世的《双溪醉饮集》中。

耶律铸有十一个儿子，其中第三子耶律希亮和第九子耶律希逸在元朝任职，而且都具有很高的汉文化造诣，曾有诗文集行世，最为知名。耶律希亮聪敏过人，从亡金进士赵衍学习，很小即能赋诗。世祖即位之后，被召为宿卫，担任速古儿赤、必阇赤等职。后出任符宝郎、礼部尚书、吏部尚书等，在武宗朝还被拜为翰林学士承旨，也是元代一位名臣。

第6章

博学多才，功业千秋

历史在从分裂走向统一的转变过程中，出现了一大批对社会和历史发展起了积极推动作用的人物，耶律楚材就是其中的佼佼者，他是中国历史上极有贡献的一位人物。

一、多才多艺，博古通今

耶律楚材出生在一个深受汉文化熏陶的家族，抚养他成长的母亲杨氏也接受过良好的教育，自幼受到传统文化的浸润和熏陶。耶律楚材本身资质聪颖，兴趣爱好广泛，还善于学习，因此在多方面都有着很深的造诣，可谓多才多艺。《神道碑》说耶律楚材通晓天文、地理、律令、历法、术数以及佛学、道家、医学、卜筮等多种学说，并非虚言。

1. 诗歌。 作为一名受汉文化影响很深的士大夫，耶律楚材在文学方面有着很高的成就。他酷爱诗歌，喜欢苏轼、黄庭坚和白居易等大诗人，尤其推崇苏轼，并从中求取精神的滋养和理想的寄托。他还喜欢杜诗，对于稀见的诗集版本爱不释手，曾从朋友刘润之那里硬借走一个珍贵的注本，并作诗云："休嗔久假不云归，长笑还书是一痴。居士亲行万里地，政须百注杜陵诗。"诗句之间颇有玩笑之意。

读诗之外，楚材本人也喜欢写诗，勤于创作，著有诗作多首，现存者有七百七十余首，《湛然居士文集》收入他的诗作六百六十余首，总体的思想性、艺术性较高。写诗成为他抒发自己思想感情的一种重要手段。看到百姓的艰难生活，山河的残破，他作诗抒发忧国忧民之情；自己得到施展抱负的机会，他写下欢快、豪迈的诗篇，展示期盼建功立业的心情；当仕途不如意，屡遭挫折的时候，他又在诗中表现渴望隐居生活的意愿。"衣冠异域真余志，礼乐中原乃我荣；何日功成归旧隐，五湖烟浪乐余生。"

在耶律楚材诸多诗篇中，尤其值得称道的是描写西域风光及边塞景物的诗。耶律楚材扈从西征，行程万里，目睹雄浑的景物，开阔了眼界，吟唱了许多颇具情趣的诗篇。"扈从銮舆三万里""行尽天涯万里山"，并非夸张之词。所到之处，他留意当地地理、民情、风光、物产，对于研究西域史地留下了丰富和宝贵的资料。他真切地描写西域天山，因多为亲眼所见，故诗歌写得具体生动，独具魅力，歌颂了祖国的大好河山。在此之前，很少有像耶律楚材这样的大诗人，来到万里之遥的西域吟诗作赋。故他这方面的诗作特别珍贵，填补了诗坛的空白。

耶律楚材的西域诗有五十余首，其中《西域河中十咏》尤为人称道，均以"寂寞河中府"为首句，系作者就亲身感受写出。如："寂寞河中府，连甍及万家。蒲萄亲酿酒，杷榄看开花。饱啖鸡舌肉，分餐马首瓜。人生唯口腹，何碍过流沙。""寂寞河中府，遐荒僻一隅。蒲萄垂马乳，杷榄灿牛酥。酿酒无输课，耕田不纳租。西行万余里，谁谓乃良图。"在《赠高善长一百韵》中，耶律楚材写道："西方好风土，大率无蚕桑。家家植木绵，是为垅种羊……决水溉田圃，无岁无丰穰。远近无饥人，四野栖余粮。是以农民家，处处皆池塘。飞泉绕曲水，亦可斟流觞。早春而晚秋，河中类余杭。濯足或濯缨，肥水如沧浪。杂花间侧柏，园林如绣妆。烂醉蒲萄酒，渴饮石榴浆。随分有弦管，巷陌杂优唱。佳人多碧髯，皎皎白衣裳。市井安丘坟，畎亩连城隍。货钱无孔郭，卖飦称斤量。甘瓜如马首，大者狐可藏。采杏兼食核，飡瓜悉去瓤。西瓜大如鼎，半枚已满筐。杷榄贱如枣，可爱白沙糖。"这些诗篇是后人研究西域历史的重要参考资料。

另一方面，他勤于读诗，给后人留下了众多的咏史诗。其中以《怀古一百韵寄张敏之》的长诗最为有名，评述了自传说中的三皇五帝至他生活的时代，并包含了自己的褒贬之意。"历代兴亡数张纸，前年胜负一盘棋。因而识破人间梦，始信空门一著奇。"还表达了对故国辽朝强烈的思念之情，对祖先功业充满了自豪感。在路过汉代王昭君的青冢陵墓时，他题咏道："当年遗恨叹昭君，玉貌冰肤染塞尘。边塞未安嫔侮虏，朝廷何事拜功臣。"

就诗歌体裁而言，耶律楚材尤其擅写律诗，诗文集中尤多七律。如《庚辰西域清明》："清明时节过边城，远客临风几许情。野鸟间关难解语，山花烂漫不知名。蒲萄酒熟愁肠乱，玛瑙杯寒醉眼明。遥想故园今好在，梨花深院鹧鸪声。"再如《阴山》："八月阴山雪满沙，清光凝目眩生花。插天绝壁喷晴月，擎海层峦吸翠霞。"《和移剌继先韵》："旧山盟约已愆期，一梦十年尽觉非。瀚海路难人去少，天山雪重雁飞稀。渐惊白发宁辞老，未济苍生曷敢归。去国迟迟情几许，倚楼空望白云飞。"耶律楚材所作律诗韵律流畅，风骨雄健，境界开阔。耶律楚材也擅长填词。《鹧鸪天·题七真洞》："花界倾颓事已迁，浩歌遥望意茫然。江山王气空千劫，桃李春风又一年。横翠嶂，架寒烟。野花平碧怨啼鹃。不知何限人间梦，并触沈思到酒边？"化用黄庭坚的诗句表达对世事变迁的感慨。他的好友孟攀鳞对他的诗歌有着精到的评点："词锋挫万物，笔下无点俗，挥洒如龙蛇之肆，波澜若江海之放。"说他的诗以平易自然、挥洒自如见长。耶律楚材的诗歌创作对元初文坛产生过较大的影响。清人顾嗣立称之为"雄篇秀句，散落人间，为一代词臣倡始"。仅就这方面的贡献而言，耶律楚材也是一个足以彪炳史册的巨人。文学上的成就，可以与他的政绩并称。

2. 文字。耶律楚材作为契丹后人，也很重视辽代文化。耶律楚材的父亲精通契丹字（即辽字），但未及传授给楚材便已过世。当时契丹字在金国境内已不通行，不过在远迁的西辽仍有流传。在扈从西征之际，耶律楚材遇到西辽前郡王李世昌，便向他学习辽字，一年之后，竟有所成。楚材于是将辽朝寺公大师用契丹文书写的著名诗篇《醉义歌》译为汉文，并保存于《湛然居士文集》中。这是现存辽代篇幅最长的契丹语歌行体长诗。耶律楚材的天资与好学，从中可见一斑。

3. 音乐。耶律楚材不但精于诗词翰墨，在音律方面也有很

129

高的天赋和造诣。楚材有着浓厚的慕古情绪，推崇正音雅乐，追求"抚弄桐君乐自然"的境界。

他擅长弹琴，自称有琴癖："旦夕饱纯音，便是平生足。"后来见到琴师弭大用，向其悉心学习，技艺大进。在金朝为官时，他向当时号称第一琴手的苗彦实请教。苗彦实名秀实，号栖岩老人，为金末享誉一时的音乐家。耶律楚材曾向其请教，多获教益。但因请教的人非常多，栖岩老人忙于应酬，楚材因此失掉了很多调音共赏的机会，常引为憾事。

耶律楚材还形成了一套自己的音乐理论。他主张"合纯古"，即琴音当与古意、古韵相合，反对一味讨好世俗的潮流。"叩弦声自无中出，得勾思从天外还"，这无疑受到了禅宗的影响。他认为，弹奏古琴有助于个人修养，弹琴是排解自身忧愁烦恼的一种途径。"居士闲弹《止息》时，胸中郁结了无遗。"所以耶律楚材每次弹琴，必十分庄重，设摆几案，正襟危坐，点燃香烛，进入一种高雅而清幽的境界，以消除忧愁，陶冶情操。"万顷松风皆有趣，一溪流水本无心。忘机触处成佳谱，信手拈来总妙音。"他在冷气袭来的穹庐弹《离骚》，个中真味只有亲临其境者方能体会。当他感到失落，抑郁不得志的时候，音乐成了他最好的伴侣，是他消解忧愁的方式；当他得到大汗支持，志得意满时在穹庐中抚琴，就充满了乐观的情绪："鸣琴谈笑泽天下，始信斯文天不亡。"他常弹奏《广陵散》《秋宵步月》《秋思》《秋水》《高山流水》等名曲。他收集了许多名琴，琴是他一生当中相伴的知己。即使是在去世之后，耶律楚材的遗物当中，也仍然有古琴数张。在西征时，他还喜欢上了西域音乐。与中原音乐迥然相异的风格，让耶律楚材陶醉其中。

4. 历法。 在古代，天文历法是一项很重要的知识。人们常用"上知天文、下晓地理"来形容一个人学识渊博。楚材的父亲耶律履就精通历法，曾撰有《乙未元历》。受到家庭熏陶，耶律楚材对天文历法也颇有研究。在星象占卜的同时，耶律楚材还执掌天文历算。他自称在清台任职，做过大蒙古国的"春官"。清台或称"灵台"，即司天台，始设于汉代。1220 年，蒙古大军在西征途中，依据金代的《大明历》，五月望日子夜当有月食。可是在寻思干城，这天夜里初更未尽，月食就已经发生了，出现了一定的偏差。诸如此类的天象，使耶律楚材不得不思索其中的缘由。经过研究，他发现地上的距离与历法的推算有直接联系。西域距离汉地遥远，因此月食发生的时间也有了差别。在吸收伊斯兰历法的基础上，耶律楚材据此提出了"里差"的概念，这是一项重要的成就。"里差"其实就是我们今天所谓的"经度"。从这个意义上来说，耶律楚材是中国最早提出经度概念的人。正是在这个基础上，几十年后，元代学者苏天爵又提出了地方时的概念。"既校历而觉差，窃效颦而改作"，耶律楚材据此改作历法，编订了一部新历，叫作《西征庚午元历》。同时代的南宋使者曾在燕京路的宣德州，看到过一部印行的历书，是耶律楚材自己推算、刻印和颁行的。这部历书可能就是太宗七年（1235）中书省审核《大明历》后颁行的。

5. 医学。 耶律楚材在医学方面也有着很深的造诣。他的祖先耶律倍就精通医药和针砭之术。耶律楚材也学习了医卜之术。1226 年从征西夏，攻克灵武，耶律楚材收取大黄药材。不久士卒发生了疫病，楚材以大黄救治，很快就让兵士们痊愈了。1235年，他以水土相异，会发生疾疫为理由，反对以回回人征江南、汉人征西域的决议，避免了军队水土不服和疾病流行，为蒙古军的医疗保健做出了贡献。从养生的角度出发，他多次规劝窝阔台饮酒要有节制，反对过度游猎。

在科学技术方面，耶律楚材也做出了贡献。耶律楚材还从江南杨氏处取得造墨的方法，号称"奇绝"；他还提倡使用易于携带的"火绒"，便于在沙漠中埋锅造饭。

6. 著述流传。尽管耶律楚材著述颇丰，但流传下来的并不多。他的作品多收入《湛然居士文集》。现存的《湛然居士文集》为十四卷，而清代著名学者钱大昕所著《补元史艺文志》录有《湛然居士集》三十五卷，多出二十一卷，可见现存的并非全本。明代人所著的《千顷堂书目》，明列耶律楚材的著作《五皇秘语》《先知大数》等书，但都已失传。耶律楚材的许多作品都散失了，我们只能从《永乐大典》及海外收藏当中寻找散落的诗篇。而完整的书，恐怕再难见到了，这是一个很大的遗憾。《湛然居士文集》的版本，有商务印书馆《四部丛刊》本、浙西村社本等。1986年，中华书局出版了新式标点本，由谢方点校，以《四部丛刊》本为底本，校以其他诸本。这是目前最完备也最方便的一个版本，便于读者参考。

他的重要著作《西游录》，因其中有抨击道教的内容，而他的儿子耶律铸笃信道教，父子二人旨趣不同，故此书在耶律楚材逝世后便不再印行。除有少量引述外，这部书被历史尘封淹没了六七百年，几近失传。1926年，日本人神田喜一郎在日本宫内省图书寮，发现了一本旧钞《耶律文正（公）西游录》

足本。根据学者的考证，这是日本圣一国师在四条天皇嘉祯二年（1236）左右从中国携归日本的。这无疑也增添了中日交流史上的一段佳话。此版本上篇记载西域地理的部分，比原来转述的版本多出五百八十余字。经过学者的整理校正，这个新版本的《西游录》也已在中国出版。耶律楚材的著作尘封数百年后方才重见天日，不知是不是历史开的一个玩笑。

从上面可以看出，耶律楚材确实是那个时代的杰出人物。他不仅是一位杰出的政治家，也是一位渊博的学者。他在多方面的成就，令人叹为观止。

二、耶律楚材的思想评述

在介绍耶律楚材的早期生平和治国功绩时，其实已经涉及他的思想，主要体现在以下几个方面：

大一统思想及正统观念

大一统是中国古代儒家的一贯主张，即建立一个统一的国家，书同文，车同轨，在政治和文化上都达成高度的统一，反对分裂割据。服膺汉文化的耶律楚材也有着大一统的思想，希望九州合为一统。但是，由谁来完成这项伟大的事业呢？在传统的儒士看来，自然只能是强大的汉族王朝。而在耶律楚材生活的时代之前，也确实没有出现过少数民族王朝完成全国统一的先例。但耶律楚材本为契丹人，前半生生活在金朝统治之下，后半生则效力于蒙古汗廷。他追求的大一统没有狭隘的"夷夏之辨"的观念，即使是少数民族入主中原，只要能够实行传统的典章制度，一样可以成为正统王朝。只是金朝已纪纲败坏，腐朽不堪，他才选择了军事力量强大的蒙古政权。因此，他把蒙古统治者视为统一事业的完成者，把蒙古政权看作正统政权。在他编写的《进西征庚午元历表》中，他把庚午年作为新兴蒙古政权的新纪元，认为蒙古政权"勋业超秦汉，规模迈帝王"，蒙古的兴起是上天授命，它取代了金朝获得正统地位。蒙古方兴未艾，势不可挡，将来是能够混一南北，完成统一大业，"永垂尘劫祚，一混九州疆"的。

对于金朝的态度，耶律楚材有一个转变的过程。在燕京被围之际，他依然守职如恒；成吉思汗表示为他报了父祖之仇，他却说父祖都是金朝的臣子，不敢怀有二心。这说明他与广大契丹贵族一样，已经认同了金朝的统治。但金的衰亡已是大势所趋，耶律楚材通过痛苦的思考，明白了：要想施展自己的平生抱负，只能投靠蒙古。到随窝阔台引军南下进攻汴京的时候，耶律楚材已在蒙古汗廷效劳数十年，以往对金国的眷恋之情已经完全消失。他以自己出仕蒙古为荣，并劝说金朝的遗民认清时势，与之前形成了鲜明的对比。

至于汉族建立的宋朝，一向以正统自居，号称文化昌明。在一般人看来，深受汉文化熏陶的耶律楚材似乎应对其有文化上的认同，甚至怀有好感。但事实恰恰相反。公元 10~11 世纪，契丹是雄踞北方的大国。宋在与契丹的多次交锋中，负多胜少，只得以缴纳岁币来换取一时的和平。耶律楚材本是契丹贵族，心中对祖先的煊赫武功非常敬仰，自然不把软弱的宋朝放在眼里。对于宋与金结成"海上之盟"，联合进攻辽国，使辽朝灭亡，耶律楚材更是气愤不已。他在《怀古一百韵寄张敏之》中斥责了宋的背信弃义："背约绝邻好，兴师借寇资。悬知丧唇齿，何事撤藩篱。失地人皆怨，蒙尘悔可追。"而当南宋建立后，根本无心收复故地，满足于偏安江南一方，以称臣纳贡获得苟安。南宋君臣在风景秀丽的江南纵情享乐，"只把杭州作汴州"！按说南宋如此腐朽，对金来说是一件好事，但金朝野上下对南宋却是百般蔑视，一万个瞧不起。这时耶律楚材的父祖和他自己已经在金朝为官，对南宋的软弱无能和屈辱外交自是洞若观火。心气颇高的耶律楚材对于这样一个苟延残喘的王朝，除了蔑视，还能给予什么呢？简言之，耶律楚材一直生活在与南宋对峙的王朝里，除了仇恨和轻蔑，和宋并无半点瓜葛，也就谈不上有什么好感了。何况，新兴的蒙古和偏安的南宋，究竟谁能够吞并对方，完成统一大业呢？这实在太过明显。耶律楚材既然以蒙古为正统，自然要把汉人儒士所吹捧的宋王朝排除在外，就要对宋加以贬抑。金灭亡的当年，即1234年，南宋朝廷在没有做好准备的情况下，贸然向蒙古占领的河南地区发动进攻，结果被蒙古骑兵杀得大败，史称"端平入洛"。蒙古将此事视为南宋背弃盟约，耶律楚材成为统治集团中的主战派，"屡上平南之策"，也就是呈献进攻南宋的策略。他对南宋使臣说："你懑（们）只是凭恃大江（长江）。我朝马蹄所至，天上，天上去，海里，海里去。"意思是说，你们不要以为凭借了长江天险，就自以为平安无事。我大朝（指蒙古政权）的马蹄所到之处，无论上天入地，都可以追到你们。凭借强大的武力作为后盾，语气中已有恫吓的意味。通检耶律楚材的诗文集，没有发现一篇赞扬南宋的诗文，充满蔑视或指斥的倒是不少。看来，我们要了解历史人物的想法，还是不能太过主观，仅凭自己的好恶。只有把握当时的历史形势，才会有正确的结论。

以儒治国的经世思想

耶律楚材深受汉文化的熏陶，尤其是儒家思想孔孟之道的影响。他有一个很著名的口号，叫作"以儒治国，以佛治心"。这也是他一生遵循的一项基本准则。后人对此评价道："观居士之所为，迹释而心儒，名释而实儒，言释而行儒，术释而治儒。"可谓十分精辟。意思是说，观察耶律楚材的作为，是带有佛学的痕迹而心中怀着儒学，名义上是佛学而实际上是儒学，说的是佛学而做的是儒学，以佛学为术而治国用儒学。学者王国维持有类似的观点，认为耶律楚材虽然"洞达佛理"，但实行的全是儒家这一套。因此，他对蒙古统治者经常进献周公、孔子的学说，一再强调"天下虽是马上得来的，但是不能在马上治理"的道理。他认为君子应当以致主泽民为己任，即使在"伟材鲜遭遇，君臣两难全"的情况下，也应当做到"忧道不忧贫"，不计个人得失，为"道"的实行贡献力量。自归附蒙古之后，以"治天下匠"自居的耶律楚材力图施展自己的才能，将生灵涂炭的人民从困境之中解救出来。如恢复礼乐、践行仁爱、轻徭薄赋、发展文教等等，都在他的屡次建言、条陈当中被郑重提出。然而由于蒙汉两种文化的巨大差异，蒙古贵族常常不能接受，还取笑耶律楚材迂腐。"礼义不张真我恨，干戈未戢是吾忧。"实际上，耶律楚材远非迂腐的儒生可比。他善于根据所处的实际情况，灵活变通，寻找时机，以合适的方式来实现自己的主张。比如，他以汉地财富的巨大诱惑，终于说服窝阔台，阻止了将耕地变为牧场的荒唐想法。这最切中蒙古统治者的利益，因而也最易为其理解。他细心说明战争的目的和城中子女金帛的珍贵，终于使上百万人民免于葬身屠刀之下。为把蒙古人的统治纳入传统中原制度，即"汉法"的轨道内，耶律楚材做出了很大的努力。

笃信佛教，弘扬禅宗

尽管倡导"三教合一"，但就耶律楚材本人而言，更偏爱佛教。在思想倾向上，耶律楚材仍然主张以佛教为本位的三教合一，即以佛教兼容儒道。

佛教源自印度，本是一种外来宗教，在汉代传入中国。佛教在中国本土化方面做得非常成功，它积极吸收儒家、道家的观念，融入中国的文化背景，适应中国人的心理需求。因此，佛教在中国赢得了众多的信徒，得到了广泛的传播，在隋唐时代更是盛极一时。佛教不但在中原地区有着很大的影响，很多边疆少数民族也尊奉佛教。在 13 世纪，即流传有"辽以释废，金以儒亡"的说法，可见契丹人对佛教的尊崇态度。身为契丹人的耶律楚材应当也受到了影响。幼年时他曾到德兴府的云岩寺游玩，并在那里亲自栽种了一株松柏。耶律楚材曾回忆道："我自幼就喜爱佛学，应是出自天性。壮年时，我开始涉猎佛书，稍有收获，就颇为自得。"在多年之后，他仍然感叹道："看尽人间万卷书，较量佛法总难如。"而到了宋元之际，禅宗成为佛教中最为显赫的一个派别，对当时社会的影响最大，也最为耶律楚材喜爱。

"禅"是梵文"Dhyana"的音译，原意是沉思，静虑。禅宗谓"佛法"教外别传，除佛教经典的教义外，还有"以心传心，不立文字"的教义。禅宗的观念，以六祖慧能的偈语揭示得最为透彻："菩提本无树，明镜亦非台。本来无一物，何处惹尘埃？"这首偈语深刻地表达了"无""非心非佛"的观念，含义隽永，故在后世广为流传。禅宗讲求修习禅定，对中国的哲学、艺术等方面产生了深远的影响，也最为耶律楚材推崇。如禅宗讲求"不立文字，教外别传"，耶律楚材也认为，佛法是"圣谛第一义谛，不在言传"。在师从万松老人学习修行的过程中，耶律楚材极为重视参禅的作用，把参禅看作是进行身心修炼的根本途径，要求"参须实参，悟须实悟"。他潜心于佛学，用心于禅道，无论昼夜寒暑，都悉心参禅，陶冶性情。耶律楚材参禅的态度非常认真，对于"不肯参禅不读书，徒喧口鼓说真如"的佛教信徒，楚材是非常鄙视的。"本欲心空及第归，暮请晨参惟一志""谈禅讲教不知家，芳草漫漫去路差"，都细致地反映了他的参禅生活。即使是在大蒙古国戎马倥偬、事务繁忙之际，耶律楚材也没有忘记参禅。通过多年的参禅修习生活，耶律楚材的人生观发生了重大变化，变得更为超脱豁达。"一入空门我畅哉，浮云名利已忘怀"，就描写了这种心境。

耶律楚材不仅对禅宗多有颂扬，不吝溢美之词，而且身体力行，为当时禅宗的传播与发展做出了贡献。如曹洞宗有一套接待参禅者的做法，叫作"权开五位，善接三根"，以君臣、偏正、事理等概念来表达对佛教的基本问题——"色""空"关系问题的理解，耶律楚材曾撰《洞山五位颂》赞颂，还作《黄龙三关颂》宣传这一有名的偈语。他曾为行秀的《从容录》

作过两篇序，称赞其文章"举一明三，瞥见全鼎"。其他如行秀的《释氏新闻》、李纯甫《楞严外解》与《金刚经别解》等，耶律楚材也为之作序进行宣传。在这方面，耶律楚材可谓不遗余力，甚至带有某种宗教的狂热。

从维护禅宗的角度出发，他对南宋理学、全真教等都进行过猛烈的抨击，禅宗至上的观念表现得很明显。如他对宋代的理学家进行了严厉的批判，认为他们囿于门户，攻击释老，已与孔孟之道的宗旨背道而驰。他对李纯甫"会三圣人理性之学，要终指归佛祖而已"的观点深表赞同，主张以佛学包容一切。尽管耶律楚材践行儒学的理念，但更多的只是把儒学看作一种行权，一种治国的手段。在他的思想世界中，儒学是无法与至高的佛法相比的。耶律楚材的思想中有一个"大道"的观念，他曾以偈语的方式对此加以说明：

大道若沧海，万古长澄清；酌之而不竭，注之而不盈；偃鼠得满腹，亦足饱鲲鲸。

又如大圆镜，历劫长圆明；中间无影像，应物而现形；汉胡递相照，出没能纵横。

又如万钧钟，寂然藏雄声；随扣而即应，圆音自铿锵；小击而小响，大撞而大鸣。

又如长明烛，积岁长荧荧；分为百千万，光明如日星；惠之而不费，是为无尽灯。

耶律楚材利用精到的比喻，通过沧海、明镜、大钟、明烛等有形之物，启发人们去认识、领悟所谓的"大道"，中间闪烁着智慧的火花。耶律楚材将"大道"抬高到非常重要的地位，认为它是宇宙的本相、生命的真谛。同时，"大道"是与佛法紧密相连的，他还把佛法视为真理之源。正是有这样的思想支撑，有着佛法的指引，故他之后面临的许许多多的困境和考验，都不足以撼动他内心的湛然。这是他有非凡作为，成为一代奇人的根本。

三教合一

所谓的三教，是指儒、释、道，即中国思想的三大体系。其中的儒学虽不是一种宗教，但具备宗教的某些特征。这三者长期在中国并行不废，虽然有矛盾，但互相借鉴、影响，约在13世纪，逐渐出现了合流的趋势。即在各自本位基础上各取所需，对其他派别的思想有条件、有选择地吸收。在这种环境下成长起来的耶律楚材，也是儒、释、道思想兼通。耶律楚材本是儒家学说的忠实服膺者，即使在皈依佛门之后，他仍然十分重视儒学的价值和意义，认为孔子的说教是人世间的"常道"，始终奉行孔子的教导：用之则行，舍之则藏，进退存亡，不失其正。这是他心目中圣人的处世态度。古代的圣人按照这样的原则治理天下，都能"泽施于万世，名垂于无穷"。他把三教的始祖孔子、老子和释迦牟尼都称作圣人，认为三教都是对世间有益的事物，三教有着共同的来源，初创时期的宗旨并无二致。看来，他是想调和三教之间的矛盾，达到他心目中三教合一的境界。

出于这样的理念，耶律楚材对全真教有过严厉的批评。有学者认为耶律楚材偏好佛教，而他的儿子耶律铸喜好道教，父子二人旨趣不同。其实，他们父子二人的基本思想都是三教合一，对佛教和道教都是非常重视的。只是全真教肆意发展势力，乃至损害佛教和儒学的利益，妄图一家独大，破坏了三教的平衡。这使耶律楚材深感不快，才不惜斥责乃至诋毁全真教。而到耶律铸时，全真教的势力已大为削弱，三教间重新达成了平衡，继续攻击全真教已无必要。可能是不同的历史背景造成了父子二人做法的不同吧。

处世哲学

做人方面，耶律楚材强调"养素"。所谓"养素"之道，是指涵养素性，包括为学与修德，如"慎择术""立志不二""自强""持盈守谦"等。立志方面，他认为君子应当选定正确的人生方向，树立正确的人生目标，立下坚定的志向，矢志不移地去完成。所谓"箪瓢陋巷甘孤穷，鸿鹄安与燕雀同"，君子只有自强不息，方能建功立业。耶律楚材自己就树立了楷模："尚记承平日，为学体自强。经书兴我志，功业逼人忙。"他自己也"笃于好学，不舍昼夜"。关于"持盈守谦"，包括对人和对己的态度。耶律楚材强调"知人者明，自知者智"，注意正确地看待自己与他人。"人不知予我不忧，濯缨何必拣清流。"他还注意自律，"忠诚自许一心赤"，保持谦虚的品格，自称："巨海洪深容弃物，新朝宽厚用愚夫。误添纶恩斗印悬，乏才羞到玉墀前。荐鹗有书惭北海，泽民无术愧东山。湛然忝佐本无功，致王泽民愧皋契。"对于诬陷自己的石抹咸得卜，耶律楚材也非常大度地宽恕了。他还谆谆告诫爱子耶律铸"养素之道"："汝知学不学，何啻云泥隔。为山亏一篑，龙门空点额。远袭周孔风，近追颜孟迹。优游礼乐方，造次仁义宅。继夜诵诗书，废时毋博弈。勤惰分龙猪，三十成骨骼。孜孜寝食废，安可忘朝夕。行身谨而信，于礼顺而摭。"

入世与归隐之间

对于中国古代的士大夫而言，总要面临一项艰难的选择：是归隐山林之下怡然自得，还是出来辅佐帝王建功立业？这似乎是一个无法回避的矛盾，士大夫既向往归隐的恬适乐趣，又放不下沉重的责任，所谓"居庙堂之高则忧其民，处江湖之远则忧其君"。耶律楚材自比为"百尺栋梁"，强烈地追求建功立业。不过，对于自身的进退荣辱，他持一种淡泊超脱的态度，所谓"但愿生死荣辱哀乐不能羁，存亡进退尽是无生路"。淡泊名利，超然豁达在他的诗中常有表现："浮云富贵元千变，昨梦繁华得几春。遇不遇兮皆是命，吾侪休羡锦衣新。"他仍然向往隐居生活，在他的作品中，抒发隐逸情怀的诗歌竟然占了一多半。他向往的隐逸生活，是以参禅为伴，以琴诗为侣，美好而富有情调。仕途不顺的时候，这种情绪就更为强烈："四海干戈尚未平，不如归隐听歌声。情知文武都无用，罢读诗书不学兵。"对于陶渊明、竹林七贤等隐逸人士，楚材也流露出仰慕之情。当然，他的隐逸情怀，仍是以积极入世为前提的。

他表示自己"用我则行宣尼之常道，舍我则乐释氏之真如"，表达了自己人生进退的态度。

三、耶律楚材的交游

历代的文人士大夫，除了在书斋中研读诗书之外，也极注重交游。与几个志同道合的好友吟诗、作画、小酌、谈心、说禅，既可增进学问，也能陶冶情操，拓宽人脉关系。所谓"莫春者，春服既成，冠者五六人，浴乎沂，风乎舞雩，咏而归"，正是他们理想中的生活。耶律楚材也不例外。他经历丰富，交友广泛。了解他的交游状况，既可直接了解他的仕途和学识，也可以窥见他的多面人生。

学者这样评价耶律楚材的交游情况："晋卿（耶律楚材的字）平生结交的朋友，以燕京、云中两地为多。这是因为燕京是他成长的地方，云中是他长期寄寓的地方。如陈时可、王楫、郑景贤、贾抟霄兄弟、王玉汝、李邦瑞、高冲霄、王君玉、蒲察七斤、刘子春等，见于文集者，一共有几十人。"但在《元史》有传的只有寥寥几人，多数事迹不详。

耶律楚材的交游，大体可以划分为三类，第一类是蒙古仕宦阶层。自1218至1244年，耶律楚材从政二十六年。作为蒙古宫廷的重要臣僚，他与大蒙古国的各级官员，上至大汗身边的近臣，下至地方各级官员，都有着广泛的接触和交往。如中书左丞相粘合重山、多才多艺的王君玉等。

最具代表性的是郑景贤。郑师真，字景贤，顺德（今河北邢台）人。据《湛然居士文集》的记载，郑景贤博学多才，不但医术精湛，而且精通琴棋书画。"托身医隐君谋妙，委迹儒冠我计疏。"（《和景贤韵三首》）即将二人的职业作了比较。在西征途中，二人都是宫廷侍从，始终亲密无间，结成了深厚的友谊。"龙沙一往二十年，独识龙冈郑景贤。"（《丙申元日为景贤寿》）郑景贤是大汗的御医，被蒙古贵族所看重，在蒙古宫廷发挥着重要影响。当日蒙军攻下汴梁，将要屠城时，耶律楚材苦劝，郑景贤也利用自己的特殊身份，居中苦苦劝解、为民求情，终于保全了城中数十万人的生命。耶律楚材曾赋诗称赞郑景贤道："雅操真堪坐庙堂，积年仁义佐先王。鸣琴谈笑泽天下，始信斯文天不亡。"（《和景贤七绝》）元人姚燧赞颂他廉洁、谦让、仁爱。《湛然居士文集》中，耶律楚材与他酬答的诗作最多，约占到全部作品的十分之一。

再如王檝（1184～1243），凤翔人，《元史》卷一百五十三有传。王檝本为金国守将，后归顺蒙古，转战陕西、河南等地，被授以宣抚之职。自太宗五年（1233）起，王檝奉命先后五次使宋，往返达数年之久，有文集流传。他驻守燕京期间，曾致力于恢复当地庙学及各种礼仪，对佛教也采取优容政策，因此得到耶律楚材的称赞，在《湛然居士文集》中共留有六首赠诗。

陈时可，字秀玉，在金官翰林学士，贞祐南迁后滞留燕京。他与耶律楚材的关系也非常密切，正是在他的极力介绍下，耶律楚材拜万松行秀为师。后陈时可得到耶律楚材推荐，担任燕京路征收课税所长官。他在任上多有作为，曾因诸路发生旱、蝗灾害上言，免除了当年的田租。

梁陟，大兴良乡人，明昌间进士，擅长辞章，被人视为伟器。在汴京被围期间，耶律楚材奏请取人才，梁陟即名列其中。后燕京成立编修所，梁陟充任长官，但不久即辞官隐居。后因曾孙梁德珪在元朝大显，赐梁陟谥号"通宪先生"。梁陟的声望很高，有"泰和能臣"之誉，尤得中原故老赞赏。耶律楚材的《用梁斗南韵》即为梁陟所作。

刘中，在金曾为侍郎，后羁留燕京。丘处机西行之际，路过燕京，刘中曾做过陪同。后经耶律楚材推荐，出任宣德路课税所长官。还奉命试诸路儒生，凡得士四千零三十人。他还寄书给耶律楚材，告诫他不要忘记孔子之教，可见二人在以儒治国的方针上是一致的。另外需指出的是，在与他交往的人之中，很多是得到耶律楚材的举荐，才出仕为官的。

第二类是前金遗士。他们大多过着隐逸山林、悠闲自在的生活。代表人物是元好问。元好问，号遗山，自幼即能作诗，声名震动京师。金兴定五年（1221）登进士第，先后任南阳令、尚书省掾等职。金朝灭亡后，不再出仕，只是与士人咏唱诗文。曾应东平严实的邀请，校试诸生文，还曾在真定封龙书院讲学，有《遗山先生文集》传世，是金元之际的大文学家。他与耶律楚材父子都有交往。汴京陷落之时，元好问曾致信耶律楚材，推荐五十四位中原名士，希望楚材能加以妥善保护。1243年，他又应邀为耶律楚材的父亲耶律履及两位兄长撰写神道碑和墓志铭，足见两人之间的交往之深。耶律楚材也曾赠诗与他。

平阳（今山西临汾）人李世荣与耶律楚材也常有诗书往来，有着密切的联系。耶律楚材曾在诗中称赞他说："谁知板荡中原后，潇洒河东有若人。"楚材还曾向李世荣索取六经，看来李世荣有自己的藏书，也具有一定的文化修养。"我爱平阳李世荣，一番书史再镌铭。"如此直接地表露自己的情感，在楚材的诗文中并不多见，足见两人的深厚情谊。

第三类包括僧人、琴师、医生、术士等各类人。代表人物是早年相识的澄公和尚。当耶律楚材在金朝为官之时，两人即在佛学方面多有交往。由于澄公和尚的主张，耶律楚材方拜在万松老人门下。在蒙古为官后，楚材仍与澄公和尚保持着交往，《湛然居士文集》中有四首赠诗。

琴师苗秀实父子也是楚材相交之人。苗秀实是金代著名音乐家，自幼擅长音律，尤其精于抚琴。金朝泰和年间，举天下琴工，他被推荐给朝廷，待诏翰林。耶律楚材早年曾向苗秀实学琴，对他十分仰慕。汴京被围之时，耶律楚材将他索出北归。苗兰是苗秀实的儿子，在金朝曾担任省郎。父亲死后，苗兰携遗谱共四十余曲拜见耶律楚材。楚材将苗秀实的遗谱抄录为一书，并亲自为其作序，即《苗彦实琴谱序》，收入《湛然居士文集》。苗兰与耶律楚材父子均有交往，耶律楚材也曾赠诗与他。后来苗兰被举为大乐令，曾赴东平，掌管造琴事宜。

四、蒙古有公方用夏

耶律楚材是一位建有卓越功业，又具高尚道德情操的历史人物。而作为一位契丹族政治家，能够博得众多的美誉，在中国历史上就更为难得。

耶律楚材所处的是一个中国历史发生巨大动荡并孕育重大变革的时代。他顺应了当时历史发展的趋势，做了很多恩泽后世的事情。耶律楚材劝导野蛮的蒙古统治者保全生灵，发展生产，采用礼仪，建立制度。耶律楚材的治国方略的施行主要在窝阔台时期，特别是太宗三年（1231）中书省成立之后，其主要政绩是辅佐蒙古统治者治理汉地，草创立国规模。他帮助大汗治理国家，颁布法令，使社会得以安定，人民得到养息。使

146

中原大地上，蒙古铁蹄留下的不仅是野蛮和蹂躏，也有了文明的印记。耶律楚材的努力不仅促成了窝阔台时期的繁荣，也对日后蒙古人的统治方式产生了深远的影响。在蒙元时代，一直存在所谓"国俗"和"汉法"的矛盾。所谓汉法，不仅包括汉地的统治制度，还包括一整套先进的生产方式和与之相适应的上层建筑。在这两种文明发生冲突的时候，蒙古守旧贵族总是想简单地让游牧文明压倒和代替汉地的先进文明。而耶律楚材则试图把游牧文明适应和渗入汉地先进文明。耶律楚材是有意识地倡导"以儒治国"，用中原文明去影响和改变蒙古国的政治社会制度和治国策略。这是他的志向和抱负所在。在使用汉法治理汉地方面，耶律楚材将之大大推进和改进了，并为以后的元王朝治汉奠定了基础。他熟悉汉地文明，并引导、劝说蒙古贵族去适应历史发展的大势，发挥的桥梁作用非常重要。明人王鏊曾作诗《吊元耶律丞相墓》："蒙古有公方用夏，居庸从此不为关。"居庸关内外，即塞外的游牧文明与中原封建文明，有了接触并融合的趋势。通过他积极的活动，居庸关内外的地方很有特色地联系在一起了，蒙古统治者在适应汉地文明的道路上也大大前进了。但在当时，他的主张往往并不为人所理解，并受到种种阻挠，尤其是遭到了蒙古守旧势力的反对。即使是大汗窝阔台，也只是看重对汉地财赋的聚敛，意识不到楚材推行的改革措施的深远意义。耶律楚材是在一种艰难的环境中推行汉法的。由于南北政治体制的差异，真正秉持国政的又多是蒙古人，故两边的人言语不通，志趣也不相同。耶律楚材作为一介书生，孤单地立于朝堂之上，勉力支持，要实现自己的政治理想，确实是非常困难，正所谓"驱驰半世谁能晓，一

147

点丹衷天可表"。在之后的岁月里，蒙古守旧贵族和西域商人把持政局，楚材的措施几乎全被废除。

经过动荡的十几年之后，耶律楚材的治国策略，才由忽必烈及他的谋臣继承下来，并大大向前发展，最终建立了元王朝。忽必烈将楚材的事业恢复、发展、充实和完善，并发扬光大。也正是在忽必烈即位之后，将政治中心从漠北移到今天的北京，采用传统的封建统治制度，行使汉法治理汉民，做中国的皇帝，按照中国的法度行事。通过他的治理，使蒙古游牧民族在适应中原文明的道路上大大前进了一步。从这个意义上来说，耶律楚材是忽必烈朝采行汉法的先驱。耶律楚材的开拓之功，是不能泯灭的。据《元史》卷九十六《食货志》"岁赐"条，勋臣之中便列有耶律楚材的名字，可见蒙古统治者是将耶律楚材视作有功之臣的。

历史是公正的。耶律楚材的卓越事功，千百年来得到有识之士的赞赏和表彰及后人的敬仰。为他撰写神道碑的宋子贞赞扬道："自任以天下之重，屹然如砥柱之在中流，用能道济生灵，视千古为无愧者也。"这个评价还是比较公允的。1260 年，忽必烈的重要谋臣郝经在《立政议》中这样写道："当太宗皇帝临御的时候，耶律楚材担任宰相，制定赋税，建立各项工程，定各类宣课，划分郡县，籍定户口，审理刑讼，分别军民，设立科举，推行赦免的制度。刚刚有志于辅助君主治理天下，却受到小人的诬陷和排挤，竟致愤悒而死。"这段话虽有溢美之词，但基本代表了元朝士大夫的意见。明人沈德符赞颂他"大有造于中国，功德塞天地"。近代两位著名的学者张相文、王国维，都悉心为他撰写了年谱。有关他的研究文章也有很多。元史专家陈得芝称他为"蒙元时代制度转变关头的杰出政治家",著名外国学者罗依果称他为佛教的思想家、儒教的政治家,都给予了很高的评价。而从耶律楚材一生的作为来看,这些赞誉并不过分。耶律楚材确实是一位做出了杰出贡献、值得肯定的历史人物。

附　录

年　谱

1190 年（金明昌元年）　　六月二十日，生于中都（即燕京，今北京），父亲耶律履为其取名为楚材。

1191 年（明昌二年）　　父亲耶律履病逝。自此，耶律楚材在母亲杨氏抚育下成长。

1202 年（泰和二年）　　开始学习诗书。

1206 年（泰和六年，元太祖元年）　　广览群书，写得一手好文章。耶律楚材欲参加进士考试，金章宗诏如旧制，问以疑狱数事，于众人中所对独优。中甲科，被辟为尚书省掾。同年，铁木真被尊为成吉思汗，建立大蒙古国。

1211 年（大安三年，太祖六年）　　春，成吉思汗率军伐金，野狐岭一战大败金军，歼灭金军精锐，直抵中都城下。耶律楚材于当年出任开州同知。

1213 年（贞祐元年，太祖八年）　　秋，蒙古军攻克宣德府，哲别取居庸关。金国胡沙虎弑其君永济。

1214 年（贞祐二年，太祖九年）　　金嫁公主，以金帛等向蒙古求和，中都围解。五月，金宣宗南迁汴梁，耶律楚材兄善才、辨才皆扈从。右丞相完颜承晖留守中都，行尚书省事，表奏耶律楚材为行省左右司郎中，留在中都。蒙古军再次包围中都。

1215 年（贞祐三年，太祖十年）　　城中绝食六十日，楚材守职如恒。金守将完颜承晖自尽，蒙古军入城，金中都陷落。耶律楚材始入万松老人

150

门下参禅。

1216 年（贞祐四年，太祖十一年）　受"显诀"于万松老人。讹答剌事件发生，蒙古使者被杀，成吉思汗决定西征花剌子模。

1218 年（兴定二年，太祖十三年）　春，受成吉思汗征召，从燕京启程，北上觐见大汗。夏，抵达大斡耳朵，与成吉思汗初次会面。楚材深得成吉思汗赏识，被亲切地称为"吾图撒合里"。

1219 年（兴定三年，太祖十四年）　夏，蒙古大军开始西征。耶律楚材扈从大驾，开始了西征的艰苦历程。出军之际，雨雪三尺，耶律楚材解释为克敌之兆。六月过金山，驻也儿的石河；秋，过松关。

1220 年（兴定四年，太祖十五年）　蒙古大军攻克花剌子模讹答剌、寻思干等城，花剌子模国王摩诃末逃遁。耶律楚材跟随大军，预言摩诃末"当死中野"。编订《西征庚午元历》。

1221 年（兴定五年，太祖十六年）　五月初三，次子耶律铸在西域出生。二十日，在成吉思汗驻跸的铁门关附近出现"角端"，耶律楚材趁机献言班师。很快回到寻思干。十一月，全真教长春真人丘处机应诏往寻思干城，耶律楚材大约此时与之相识。于西域蒲华城梦万松老人，作《蒲华城梦万松老人诗》。

1222 年（元光元年，太祖十七年）　以"长星见于西方"天象，预言"金国将易主"。与丘处机等去寻思干城西游览，作《壬午西域河中游春十首》等诗。丘处机于行宫觐见成吉思汗。成吉思汗三次问道，耶律楚材约在此时陪同，并进行记录，撰为《玄风庆会录》。编成《西征庚午元历》，提出"里差"的概念，并向成吉思汗进呈。

1223 年（元光二年，太祖十八年）　丘处机辞别成吉思汗东归。时耶律楚材奉命去塔剌思负责当地屯田事宜。

1224 年（正大元年，太祖十九年）　是年自不剌城东返。七月在阿力麻里，九月过阴山松关。

1225 年（正大二年，太祖二十年）　春，成吉思汗返回蒙古本土。冬，耶律楚材驻西域瀚海军之高昌城，作《辨邪论序》。

1226 年（正大三年，太祖二十一年）　正月，成吉思汗率大军征伐西夏，耶律楚材自西域返军中。蒙古军连克黑水城、甘州、肃州等地。十一月，攻克灵州后，蒙古将领争抢子女金帛，只有耶律楚材独取书数部，大黄两驼。后瘟疫流行，楚材以大黄疗治，保全性命数万人。

1227 年（正大四年，太祖二十二年）　成吉思汗病逝。皇子拖雷监国。蒙古人遵成吉思汗遗命秘不发丧。西夏国主请降，王室惨遭屠戮，西夏灭亡。长春真人丘处机病逝。冬，奉命到燕京搜索经籍。

1228 年（正大五年，拖雷监国元年）　燕京多盗贼。耶律楚材随中使塔察儿抵达燕京，严厉打击当地盗贼，处死首恶十六人，稳定了当地的统治秩序。清明，于燕京完成《西游录》书稿。

1229 年（正大六年，太宗元年）　为《西游录》作序。在燕京参加宣圣庙释奠之礼与奉迎释迦牟尼遗像行城仪式。八月，在蒙古本土举行的忽里台大会上，窝阔台被选为大汗。耶律楚材有定策之功，并参与了即位礼仪的制定、颁布大赦等重大活动。会后，奉命主持华北汉民，定以户计征收赋调等事。

1230 年（正大七年，太宗二年）　条陈便宜十八事颁行天下，独止贡献一条不准。建议行赦宥之法。在耶律楚材建议下，正式设立十路课税所，以陈时可等儒士为课税所长官。订立课税，确定黄河以北汉民以户计征收赋调办法。随窝阔台大军征陕西。

1231 年（正大八年，太宗三年）　大军至西京，攻河中府等地。窝阔台改侍从官名，建立中书省。秋，楚材在云中展示赋税成果，被任为中书令。

1232 年（开兴、天兴元年，太宗四年）　蒙金展开三峰山决战，在拖雷指挥下，蒙军大胜，金国精锐悉数被歼。金国灭亡、蒙古兴起已是大势所趋。二月，耶律楚材理索衍圣公孔元措等及在京亲属北归。兄善才拒绝北行，愿为金殉节。三月，蒙古军进攻金国南京，耶律楚材随窝阔台北返。四月，高丽使臣赵叔昌等奉表入朝，耶律楚材接见了使臣一行，作《和高丽使臣三首》。十月，高丽使臣金宝鼎、赵瑞章等奉表入朝，带回李奎报作《送晋卿丞相书》。

1233 年（天兴二年，太宗五年）　正月，金汴京守将归降蒙古。因楚材奏请，免于屠城。四月，著名士人元好问于北上途中作《癸巳岁寄中书耶律公书》，呼吁保护中原儒士。是年，耶律楚材文集由中书省都事宗仲亨等首次编辑完成，共九卷，含古律诗、杂文五百余首。

1234 年（天兴三年，太宗六年）　蒙古与南宋联合攻破蔡州，金朝灭亡。南宋军队欲北上收复东、西、南三京，旋被蒙古军队击败，是为"端平入洛"之役。冬，作《屏山居士鸣道集序》，对宋朝理学进行抨击。

1235 年（元太宗七年）　窝阔台下诏括户，楚材奏准所括户口均编为民籍，以户为户，按户定赋。

1236 年（太宗八年）　正月，蒙古大汗宫殿万安宫落成，作《和林城建行宫上梁文》。六月，奏请窝阔台汗于燕京、平阳二地设经籍所，编辑经史，以梁陟等为经籍所长官。窝阔台汗欲以中原诸户分赐诸王贵戚，耶律楚材认为"非便"。在其建言下，命各投下只设达鲁花赤，朝廷置官吏收其租颁之。

1237 年（太宗九年）　在耶律楚材建言下，窝阔台汗下诏，以术虎乃、刘中监视诸路，筹划在汉地开科取士。

1237 年（太宗九年）　陈时可、高庆民等奏报各路遭遇旱、蝗等灾害。在耶律楚材的影响下，窝阔台汗下诏免除当年田租。是年，蒙古统治下的中原汉地举行考试，史称"戊戌选试"。

1239 年（太宗十一年）　奥都剌合蛮扑买天下课税。耶律楚材反复争论，声色俱厉，极力阻止，但没有成功。

1240 年（太宗十二年）　奏请以官银代还回鹘债银。西域商人奥都剌合蛮被任命为提领诸路课税所长官，取代了耶律楚材。同年，耶律楚材也不再领中书省事。耶律楚材在朝中失势。

1241 年（太宗十三年）　太宗病重，耶律楚材奏请赦天下罪囚，使病情好转。十一月，太宗驾崩。

1242 年（乃马真后元年）　春，太宗六皇后乃马真氏脱烈哥那开始称制。

1243 年（乃马真后二年） 汗位空悬。成吉思汗幼弟铁木哥·斡赤斤起觊
觎之心，率军前来争位，乃马真后欲迁都以避其锋，为耶律楚材制
止。不久，事件平息。是年，夫人苏氏去世，其子耶律铸护送灵柩抵
达燕京。

1244 年（乃马真后三年） 五月十四日，耶律楚材去世。

1261 年（元世祖中统二年） 十月，遵照耶律楚材遗命，其子耶律铸将楚
材与夫人苏氏合葬于燕京玉泉东瓮山之阳。由李微撰写墓志铭，宋子
贞撰写神道碑。

主要著作

1.《湛然居士文集》，十四卷。全书以诗为主，也有一些序、疏等文
章，是研究耶律楚材的主要资料。常见的为四部丛刊本。1986 年中华书局
出版了谢方点校本。

2.《西游录》，分上下两卷。常见的有 1981 年向达校注本。

3.《玄风庆会录》。该书"由元侍臣昭武大将军尚书礼部侍郎移剌楚
材奉敕编录"，收入《正统道藏》。

参考书目

1. 黄时鉴：《耶律楚材》，上海人民出版社，1986 年。

2. 刘晓：《耶律楚材评传》，南京大学出版社，2001 年。

3. ［日］杉山正明：《耶律楚材とその时代》，白帝社，1996 年。

4. 韩儒林主编：《元朝史》，人民出版社，1986 年。

5. 周良霄，顾菊英：《元代史》，上海人民出版社，1993 年。

6. 陈垣：《陈垣学术论文集》第一卷，中华书局，1980 年。第二卷，
中华书局，1982 年。